PHP
Business Shinsho

社長の掟《おきて》

業績を上げ続けるための60則

Koichiro Yoshikoshi
吉越　浩一郎

PHPビジネス新書

はじめに

THE SERENITY PRAYER
O God,
give us serenity to accept what cannot be changed,
courage to change what should be changed,
and wisdom to distinguish the one from the other.
Reinhold Niebuhr

《ニーバーの祈り》
神よ、
変えられないものはそのまま受け入れる冷静さと、
変えるべきものは変えていける勇気を私たちに与えたまえ。
そして、変えられないものと、変えるべきものとを、判別できる知恵を与えたまえ。

ラインホルド・ニーバー（著者訳）

社長の給料はなぜ高いのか

経済誌に目を通していたら、以前、知り合いがメールで送ってきてくれた「ニーバーの祈り」を思い出した。

辞任した大手外資系企業の前ＣＥＯが、二期連続営業減益の原因の筆頭に、世界的な景気減速を挙げていたからだ。こんな状況なのだから、売上が落ちるのも仕方がない。そういいたかったのだろう。

厳しい言い方をするようだが、このＣＥＯ交代はいささか遅きに失したかもしれない。もっとはっきりいえば、彼は、早く辞めるべきだった。それは、どう考えても何千名もの社員の上に立つのにふさわしい人物ではないからだ。記事を読んでそう思わないわけにはいかなかった。景気が悪い、為替が円高に振れた、社内に人材がいない、大手取引先の倒産、突然の外資の参入……。

「自分の力では変えられないもの」を言い訳として口にした時点で、その人は社長失格なのである。

資本主義の基本原理は拡大再生産というものだ。ゆえに、常に利益を出し、成長し続けるというのが、洋の東西を問わず会社のもつ宿命なのである。逆にいえば、成長できず業績が低迷している会社に、存在価値などないといっても過言ではない。

昨年よりも今年のほうが売上が伸び、利益が拡大しているというのが、会社が正常に機能している状態なのである。そして、そのことに無条件に責任をもつのが、会社という組織のトップに立つ社長なのだ。

だから、社長は石にかじりついてでもその責任を果たさなければならない。できなければできる人に、さっさと代わってもらう。それ以外の選択肢はないのである。

欧米では、サッカーや野球の監督は、求められた結果を出せなければすぐに解任される。任せられたチームを確実に強くしていくことで、数年のうちにリーグ優勝させることができないとしたら、それは単に監督としての能力が欠けているからである。そんな人間に指揮をとらせ続ける必然性はない。それより、チームのことを考えれば、新しい監督の可能性に懸けるべきだ。

監督個人のことを考えれば大変厳しいのだが、それが合理的というものだし、真剣にチームを強くすることを考えるなら、こうでなければならないのである。

ところが、日本の組織、とくに日本の会社は、このあたりが曖昧だ。

能力よりも人柄を重視して起用したり、はたまた社長が引退する際に、能力を基準に選ぶのではなく、自分の子飼いを次期社長に引き上げたりするようなことが、そこらじゅうで堂々と行われている。

売上を落としたにもかかわらず、図々しく社長の座に居座り続けるような人があとを絶たないのも、社長の責任や役割が厳密でないからにほかならない。

とくに私が許せないのは、先の大手外資系企業の前ＣＥＯの言葉にもあったように、自分の力不足を棚に上げ、会社の業績が悪い理由を不景気や円高のせいにして、平気な顔をしている似非《えせ》社長だ。

不景気や円高というのは自分ではどうにもならない。そういうものを「与件」という。しかし、与件は、〝失態を許す万能のカード〟では断じてない。

考えてみてほしい。好景気で消費者の財布の紐がゆるい、円安で輸出は好調、競争相手も現れない――そんな状況なら、新入社員が社長をやったって、売上も利益も伸ばすことができるだろう。

逆なのだ。

市場を取り巻く環境が厳しかろうが、そんなものをものともせず、会社を成長させるのが社長の手腕であり、それができるからこそ、他の人と比べれば、高い給料をもらっているのではないのか。それでも、日本の社長の給料はまだまだ低いといわれているので、むしろ業績をどんどん上げて、それなりの給料をもらうようになってほしいものだ。

さらにいえば、社長は、利益を出し会社を成長させるだけでなく、会社に関するすべてのことに責任をもたなければならない。

ところが最近は、この自覚をもたない社長がしばしばメディアに登場するから驚きだ。たとえば、二〇一三年秋に暴力団関係者に対する不正融資が明らかになった某大手都銀の頭取は、当初記者会見で、「自分は知らなかった」「知っていたのは担当役員止まり」という言い訳を繰り返した。

組織人としてはそう答えざるを得なかった面があるのだろうが、実際には、取締役会などでこの件は四回報告されていたことが後に判明する。しかし、仮に知らなかったとしても、それで言い逃れできると思ったら大間違いだ。

自分が統治する銀行が起こした不祥事の責任を頭取が引き受けるのは当然であり、だからこそ普段からトップは組織の隅々にまで目を光らせ、あらゆることを把握していなければならないのである。厳しいようであるが、それがあくまでも組織のトップに厳然と適用されるルールなのである。

同じく二〇一三年秋に辞任した日本プロ野球機構のコミッショナーも、自分が導入した統一球が、極秘裏に〝飛ぶボール〟に変更されていたことに関し、「私は知らなかった」と言い張ることで追及を逃れようとした。

また先ごろ、医療法人から不正に資金提供を受けていたという疑惑を晴らすことができず、逃げるようにその座を辞した前都知事も、議会ではしばしば「秘書に聞いてくれ」という言い訳を繰り返した――。

知らない、聞いていないというのは、単に「自分にはガバナンス能力がない」ということの証明にはなっても、「責任をとらなくてもいい」という理由には絶対にならない。そういうことがわからずに、組織のトップに就いている人間が、この国にはあまりに多すぎるような気がしてならない。

変えられないものと変えられるもの

ひるがえって、あなたの会社の社長はどうだろうか。与件に責任転嫁したり、知らぬ存ぜぬと都合の悪いことに頬かむりしたりしてはいないだろうか。

そうでないことを祈りたいが、いまの日本の現状を見ると、適任とはいえない人が社長をやっているケースのほうが圧倒的に多いので、理想的な社長の下で働いている人は、少数派といわざるを得ないだろう。

では、自社の社長がトップとしてふさわしくないと感じる場合、社員はどうすればいいのだろうか。「自分たちが働きかけて、真の社長に生まれ変わってもらおう」——意欲があって前向きな人なら、そう考えるかもしれない。だが、それはどだい無理というものだ。どんなにがんばっても、社員に社長の実力は変えられない。

社長の役割とは何かを理解し、社長の職務をまっとうするための能力を身につけるには、時間がかかる。現在、社員から見て明らかに資質や力量に問題があるなら、その人は自覚と準備が足りないまま社長になってしまったのだから、たとえ一念発起したところでときすでに遅しで、変わりようがないのである。

ついでにいえば、変えられないのは社長だけではない。直属の上司の理不尽な態度もそうだし、会社の不条理な慣行や仕組みもそうだ。これらを改めようと一介の社員がどんなにがんばっても、まずは徒労に終わるだろう。社員にとっては、社長も上司も会社の仕組みも、基本的には変えることのできない「与件」のひとつなのである。

そして、その会社の諸々を根本から唯一変えることができるのが、組織のトップである社長なのだ。

世の中には、自分の力で変えられるものと、変えられないものがある。

この単純な原理原則を理解すれば、自ずとやるべきことは見えてくる。

変えられないものを一生懸命変えようとしても、それは時間の浪費というものだ。しかし、うまくいかないことを変えられないもののせいにしていたら、未来はない。

変えられないものは変えられないものとして受け止め、そのうえで自分に何ができるのか、どんなやり方ができるのかを一生懸命考えることが肝心だ。

変えられるもので、かつ変えたほうがいいものがあるなら、放置せずただちに改めていく。社長の仕事は、まさにこれらの見極めと実行に尽きるといってもいいだろう。

変えられないものと変えるべきものを見極める力、変えられないものを受け止め、それを乗り越えていく力、そして変えるべきものは諦めずに変えていける力を与えたまえ……

これが、冒頭に紹介した「ニーバーの祈り」である。

アメリカの神学者、ラインホルド・ニーバーの手による「祈りの詩」は、さまざまに形を変えながら世界中で引用されている。

私はこの詩に出合ったとき、まさに〝社長の〟祈りの詩だと思った。

社長を目指さないのは損

一社員に社長や会社を変えることはできないといっても、打つ手がまるでないというわけではない。

たとえば、理想の社長や職場を探し転職するというのはひとつの対処法だ。だが、その場合も、そういう会社を探し当てるのは至難の業だし、出合ったとしても雇ってもらえる保証はないことは覚悟しておかなければならない。

ましてや、そういった会社に運良く入社できたとしても、その理想の社長がいつまでいるのかもわからない。それなら、それよりももっと確実な方法がある。

あなた自身の働き方を変えればいいのだ。一番良いのは、将来自分が社長になると心に決め、それに合わせて今日から仕事の仕方や考え方を変えるのである。

一生誰かの都合に合わせて働くしかないと考えているから、労働環境が一大事に感じられるのだ。これは、サラリーマンの病理といっていいだろう。しかし、いまサラリーマンをやっているからといって、それしか許されないなどということはない。

社長がダメなら自分が社長になって理想の会社をつくり、結果を出せばいい。誰にだってその資格はある。これもまた資本主義社会の原理なのだ。能力だって、初めから社長にはなれないだろうなどという人はほとんどいない。

現在社長でない人にとって、いまという時間は、社長になるためにせっかく与えられた準備期間なのである。

そう考えれば、理不尽や不条理も自分を鍛えるための絶好の課題になる。視野が狭く判断の遅い社長や、リーダーシップのかけらもない上司だって、クリアすべき障壁であり、格好の反面教師に変化させるのである。

さらにいえば、そういう気持ちで働き続けている人は、そうでない人と比べて、ビジネスパーソンとしての成長スピードが格段に違ってくる。それゆえ、会社での評価も必然的に高まるし、出世も早くなるから、たとえ社長にならなくても、得るものは限りなく大きくなる。実際、私は長く社長をやってきたが、伸びる社員というのはみな、「いずれは社長になってやる」という野心をどこかに秘めていた。

もちろん、中には独立し社長になるために会社を辞めていった者もいたが、それはそれで、次の会社でがんばってもらいたいものだ。逆に、そういう気概ももたず、会社にしがみついたまま文句だけいっているような人間は、会社の業績が落ちたときにはリストラの対象にされてしまうはずだ。

本書では、私が自分の体験を通して、組織のトップに立つために必要不可欠と確信した要素を「社長の掟《おきて》」として挙げていく。

社長はどんな状況下でも利益を出し続けなくてはならず、出し続けるということと、「出るときもあれば、出ないときもある」ということの間には、天と地ほどの差がある。

そして、いついかなるときでも利益を出し続けるためには、「心構え」とか「流儀」といった優雅なものでは到底足りないのだ。格好いいどころか、なりふり構わずやらねばならぬことも多々あるのが社長業。だから本書の「掟」は机に飾るだけではなく、胸に刻みつけ、ことあるごとに行動や判断の参考にしてもらいたいという気持ちでまとめた。

現役の社長は、自分と照らし合わせながら読み、参考にしていただきたい。不況だなんだと嘆いたり、うちの社員には覇気がないのだと腹を立てたりしたところで、一〇〇年経っても業績は上がらないのだ。

ビジネスパーソンは、これらの能力を身につけ、スキルを磨き、今の社長がダメならゆくゆくはあなたが社長になればいい。自分の会社をつくったっていい。ダメな社長の文句をいっていたって仕事はできるようにならないし、ダメだとわかっている社長の下で諦め嘆きながら働くには、人生はあまりにも短い。

日本の未来の命運を握っているのは、日々闘っている現役の社長であるみなさんと、未来の社長であるみなさんなのである。

異論、反論があればいくらでも受けて立とう。

まずは一読あれ。

二〇一四年六月吉日

吉越　浩一郎

社長の掟《おきて》◆目次

はじめに

第1章――社長とは何か

第2章——戦略なき者は社長にあらず

第3章――社長の「勘違い」にご用心

第4章――吉越流 社長のルール

第5章――これから社長になる人へ

おわりに

第1章――社長とは何か

1. 社長とは、「何があっても利益を出し続ける」者のこと

・バランス感覚に優れている
・部下の話をよく聞く
・豊かな教養
・財務に強い
・強いリーダーシップの持ち主
・カリスマ性がある
・国際感覚がある

社長というと、多くの人はおそらくここに挙げたような能力や特性をもった人物を思い浮かべるのではないだろうか。

たしかに私の知っている有能な社長にも、こういう人が多い。

しかし世の中には、優れたコミュニケーション力やグローバル感覚があって、会社の数

字もよく理解し、幅広い教養もカリスマ性も備えたリーダーを社長に戴きながら、会社の業績は右下がり、経営は火の車というケースだっていくらでもある。

それもそのはず、社長に最終的に必要な能力はただひとつ、「何があっても売上を伸ばし、利益を上げ続けられること」、これだけだからだ。

これさえできれば少々欠点があろうが、人格が破たんしていようが、そんなことはまったく問題ではない。この単純な事実を、案外見落としている、あるいは耳に痛いがために受け入れない人は多い。

たとえば、先年亡くなったアップルの創業者であるスティーブ・ジョブズ。

思い込みが激しく、周囲の話などろくに聞かない、気にくわない部下は平気でクビにするなど、死後とんでもない逸話が山のように明らかになっている。それだけ聞くととても社長にふさわしい人物とは思えないが、実際には、瀕死のアップルを世界的な大企業に成長させた名経営者であるのはいうまでもない。

ユニクロの柳井正社長だって、かなり毀誉褒貶《きよほうへん》の激しい人だが、山口県の小さな衣料品店を一兆円企業にした人間を、社長にふさわしくないと誰がいえるだろうか。むしろ、世間の評判のほうがおかしいのであって、競争の激しい衣料品の世界で世界一の企業になるまで、柳井さんにはがんばってほしいものだと素直に思う。

そう、彼らを「社長にふさわしくない」とは、絶対にいえないのである。


逆に、どんなに人間的に素晴らしく、また有能であったとしても、売上を減らしたり、赤字決算を出してしまったりするようでは、その人は社長にふさわしいとはいえない。

もっと厳しい言い方をすれば、社長を任されて一期でも売上を減らしたら、本来ならその時点でその人は、有無をいわさず社長失格なのだ。少なくともそういった覚悟が本人には必要だ。社長はあくまで「結果だけ」で判断されるものなのだ。

会社にはそれぞれ事情があるので、すべての社長が売上低迷ですぐにクビを切られるわけではない。だが、そんな状況を作り出した人がたとえ引き続き社長の座に座り続けていたとしても、その人が社長としての適性に欠けるのは否定しようもない事実である。社長として、唯一求められる能力に欠けているのだから。

会社のトップである社長になった時点で、もう社長になる準備期間は終わっていて、「失敗から習う」などといった悠長なことはいってはいられない。

ましてや、そういう社長が、ビジネス誌で自分の経営論を自信満々にもっともらしく語るなど、私からすれば言語道断である。若いこれからの人の考え方に、少しでも影響を与えることになったら、それこそ気の毒なことになる。

2. 社長は、準備が利く仕事

アメリカの企業で長らくエグゼクティブを務め、先ごろ定年退職したフランス人の友人は、顔を合わせるたびに「会社は利益を上げるマシーンにすぎない」といっていた。それだけ、アメリカの企業で「厳しさ」というものを経験してきたのだろう。日本人にはなかなかそういった割り切りはできないものだが、それこそが原理原則であり、そのことから目を背けていてはいけない。つまり、裏を返せば、利益を上げ続けられない会社には存在価値がないということだ。

そして、利益を上げることに最終的に責任をもつのが社長なのである。もちろん、それはとてつもなく厳しいポジションだ。だが、その厳しさを楽しめるくらいでないと、社長など務まりはしないのだ。

かくいう私は、トリンプ・インターナショナル・ジャパンを二〇〇六年に引退するまでの一九年間、代表権をもった副社長時代を含め、増収増益を続けてきた。こんなことをいうといかにも自慢しているように聞こえるかもしれない。確かに、誰にも負けないくらいの努力はした。

しかし、その程度の努力は誰にでもできることなのだということをわかってもらいたくて本書を執筆しているのである。

私が増収増益を果たした一九年間も、もちろん常に順風満帆というわけではなく、バブル崩壊やアジア通貨危機という厳しい局面もくぐり抜けての増収増益だった。

ついでにいえば、その前のトリンプ・インターナショナル・香港でも、さらにそれ以前に会社の立ち上げから参加したメリタ・ジャパンでも、在籍中は一度として売上を落としたことはない。それなりの規模の時に、それなり以上の努力をすれば、結果は出せるのである。

こうして責任を果たしてきたからこそ、いま私は胸を張って、「社長の仕事」を語ることができる。私は決して完全無欠の人間ではないし、ビジネスに関する知識や能力だって、著名なビジネススクールでＭＢＡを取得したような優秀な人たちに比べたら、はるかに及ばない。

それなのに、なぜ一九年連続増収増益を実現できたのか。

それは私が、「会社の売上を伸ばすことに責任をもつのが社長である」ということを、どの社長よりも自覚して、なおかつ、そのために時間をかけて努力し、準備をしてきたからにほかならない。

実は、私は学生時代から、「四〇歳になったら社長になる」と決めていた。私のいう〝デッドライン〟である。

社会人になってからは、すべては社長になるため、そして社長として腕を振るうための訓練だと思って、目の前の仕事に取り組んできた。

だから、社長になっても何をやっていいかとまどうこともなければ、社長の責任を果たすのに必要な能力が欠けているとあわてることもなく、それまで鍛えたビジネススキルを使い、売上を伸ばすことに専念できたのである。

社長になるには、準備ができるのだ。

既に社長になってとまどっているという人には気の毒な限りだが、これから社長を目指そうという人は、「どうしたら上司に気に入られるか」とか、「社内の評価が上がるか」といった、目先のことにとらわれないほうがいい。

それよりも、将来自分が社長になったらどうやって売上を伸ばすかを考える。そして、今日からさっそくその準備を始めることだ。

3. 社長は、全体最適を徹底しろ

社長になると、社員のときにはなかったさまざまなものを手にし、目がくらみがちになる。目がくらむと判断が鈍り、失敗のもととなる。


事故発生から半年も経過してから、ようやく公開された東京電力福島第一原子力発電所の事故時の「運転操作手順書」を目にしたときの衝撃は、いまでも忘れられない。肝心なところ、というより、ほとんどが黒塗りなのだ。これに先立って明らかになったテレビ会議の映像も、人物が特定されないよう顔にはモザイクがかかり、音声もいたるところが加工されていた。

このような秘密主義は東京電力だけでなく、日本企業のいたるところで見られる。自分たちにとって不利になりそうな情報は表に出さない、不都合な事実は隠ぺいして当たり前という、無責任で誤った考え方をしている社長が、この国には実に多いのだ。

そういう社長は社外だけでなく、社内に対しても同じように情報を隠そうとする。

そうやって知られたくない情報を隠してしまい、オープンに話し合うことをしなければ、会社にとって前進はない。人によっては、社内でも自分だけが情報を独占していれば社員より優位に立てるとでも思っているのだろうが、それは大間違いだ。

たしかに企業のトップになると、たちまち社員が知り得ない、いろいろな種類の情報が自分のもとに集まってくるようになる。それは気持ちがいいし、社長冥利に尽きる瞬間といってもいいかもしれない。

しかし、だからといってそれを社長が自分だけのものにしていいわけはない。ましてや自分の地位を守るために利用しようなどというのはもってのほかだ。

社長が考えなければならないこと、それは会社が利益を伸ばすことだ。つまり、重要なのは全体最適であって、社長の都合や保身のような部分最適ではないのである。

情報は、原則すべて社内には公開しなければならない。なぜなら、みんなが情報にアクセスできることが、一番効率的に働けることにつながり、会社にとって最も利益の上がる状態に近づけるからだ。

情報が制限されていると、足りない部分はそれぞれが勝手に考えて埋めなければならなくなる。すると、結論が正解から外れてしまう確率が、どうしても大きくなってしまう。それは会社の利益を損ねることにもなりかねない。

必要かつ十分な情報がそろっていれば、パーツの足りない分を仮説で補てんしなくていいため、理屈の上では誰がやっても同じ結論にたどり着くことになる。これは大きい。

逆に、情報が共有されていなければ、出された結論の裏に何かあるのではないかといった疑心暗鬼を呼ぶことにもなる。

社長と社員が同じ情報を共有していれば、社長が何か指示を出しても、社員は「社長はこれらの情報からこう判断してこの結論を出したのだ」と容易に理解できるので、社内をまとめやすくなる。

また、社員のほうからも「自分ならこう考える」という実のある提言も上がってきやすくなる。これもまた、会社にとっては歓迎すべきことだといっていいだろう。

私は社長時代、自分の情報は、スケジュールもメールの内容もすべてオープンにしていた。「同じ情報をもてば同じ判断に至る」という言葉を信条としていた。

「すべて」とはどのくらいか……すべてといったら、すべてだ。

喜ばしいことではないが、社内にいわゆる「怪文書」が回ったときなどにも、それすらオープンにして「おい、ここに書いてあるA氏とはお前のことか」と部下をからかったりしていた。これにより社内も暗くならず、笑いすら起きる。

秘書にも、発表前の人事、それから各人の収入に関すること、この二つ以外は、例外なく公開してかまわないと指示を出していた。

このように話すとあまりにオープンなので大丈夫かという声も聞かれるが、このやり方で実際に問題が起こったことは、ただの一度もない。

当然、会社に不届き者がいて、社内の重要な情報を外部に漏らすことも考えられるが、それを恐れて情報をできるだけ小出しにするよりは、むしろいいこと尽くしであると強調しておきたい。

また当然のことながら、ここでいう情報とは社内の情報であって、お客様の個人情報のような極秘情報とは違った次元の話であることはいうまでもない。

情報の共有といえば、こんなこともあった。〝よしこ事件〟と社内では呼ばれていた事件だ。

ある日の早朝五時ごろ、私の携帯に大阪の営業部長の一人から電話が入った。電話を取る前に切れてしまったのだが、折り返すと、間違い電話だったというのだ。とはいえ、そんな早朝に間違い電話をしてくる理由がわからない。それから彼がそんな早朝に間違い電話をしてきた理由を考え、はたと気がついたことを、朝の会議で持ち出した。

「大阪のXXさん、今朝の間違い電話なのだけど、本当はヨシコさんに電話したかったのじゃない？　それを間違えてヨシコに電話しちゃったのでしょう！」

どうも図星だったらしく、彼が必死に否定する様子を、早朝会議に参加している全国の七〇人で大いに楽しんだのを覚えている。いまだに、前の会社の仲間と飲むとこの話が出てくる。

4. 社長は、社員との情報格差ゼロを目指せ

社長が情報をすべてオープンにしていたのと同様に、社員にも情報は全部出させていた。仕事に関する嘘や隠し事は、理由のいかんを問わず一切認めない。これは、会社のル

ールとして徹底していた。

情報を隠したくなるのは何も社長だけではなく、いい情報ばかりでない現場の社員も、ともすると情報を隠してしまう。だから、ルールにしなければならない。

情報公開のために利用したのが、毎朝始業時間前の午前八時三〇分ちょうどから始まる早朝会議だ。出席者は社長である私と、役員、部長、課長、そして当日の議題に関係のある現場の社員たち。

新入社員も研修期間中に、少なくとも一週間は連続してこの会議に出席することになっていたし、そのほかにも希望があれば、社員なら誰でも、いつでも参加できた。

この会議は本社で行っていたが、全国の営業所や物流センターともテレビ・システムでつないでいたから、実質的には全社会議だったといえる。

会議ではまず、デッドラインを引いて、日にちを切って結論を持ってくるように依頼してあった案件についての報告が、担当者によって行われていく。多くの場合は、何らかの問題の解決案だ。

それに対して私が質問し、その場で満足いく回答が得られなければ、発表者は再び準備をし直して、翌日もう一度発表しなければならない。

他部門の前でいいにくいことや、隠しておきたいことがあっても、そんなのはおかまいなしで進めるところがポイントだ。隠し癖は、徹底的に潰す。

そして、新たな課題が出てきた場合は、必ず「誰が」「何を」「いつまでに」、すなわち担当者、解決すべき内容、デッドラインの日付を明確にし、会議の一時間後には、それらを一覧できる議事録として、全社員がネット上の掲示板で見ることができるシステムになっていた。

参加しなかった人が内容をチェックできるようにするためと、「できませんでした」「間に合いませんでした」という言い逃れをできなくするためだ。

この早朝会議では、とにかく、徹底的に話し合った。たとえそれが役員の不祥事であったり、私のところに回ってきた怪文書の類であったにしても、事前の打ち合わせもなく隠さずすべて社員に報告していたから、トリンプ・インターナショナル・ジャパンでは、社長と社員の情報格差はほぼゼロだったといってもいい。

社長は情報を独占せず、社員と共有すること。

情報で優位に立たなければ社内統治ができないようなら、最初から社長など引き受けてはいけないのだ。オープンにすることにより、すべてが公平になる。

5. 社長は、前例に縛られるな

社長になったら、前任者のやり方は一切忘れ、どうすれば売上が伸ばせるかをゼロベースで考える。これが基本だ。

「前の社長はこうやっていたから、自分もそれに倣うのが無難だろう」などという発想では、この変化の激しい時代に対応できない。常に、もっといい方法はないか、より効果的にできないか模索し、いいと思ったことはどんどん無条件に取り入れていく。そういった柔軟性と行動力が、現代の社長には求められているのである。

代々受け継がれている社是や経営理念でさえも、いまの時代には逆に足かせになることもあるから注意が必要だ。

創業者の意を汲んで、苦しくても、ひとりの社員も解雇しないという方針を守り続けている会社があったとする。それはそれで素晴らしいことなのだが、ただ闇雲にそれを守り続けることには大きな疑問がある。

　中には懲罰委員会で懲戒解雇相当という処分が出るような人がいる場合もあるだろうし、もう何年も、素行不良で何とか辞めてもらいたいと思っていても辞めてもらえない人がいて、どうしたらいいかなどという質問を、私でさえ受けたりしている。

　経済が右肩上がりの時代はそれでよかったかもしれないが、いまは余計な人材を抱えている余裕など、どこの会社にもないのが現実なのだ。

　それなのに、自分の代で会社の経営理念を曲げるわけにはいかないと、その社長は社員の雇用に絶対に手をつけようとしない。

「社員を使い捨てにする会社が問題になっている昨今、なかなかできることではない。見上げた心がけだ」と、その社長を称える声も、内部事情を知らない外部からは聞こえてくる。

　たしかに、社員を解雇せずに会社を発展させた創業者は尊敬に値する。それだけの実力があってそこまで会社を大きく育てることもできたのだろうし、さらには、きっと高潔な人格の持ち主でもあったのだろう。

　だが、その創業者に操を立てて、何がなんでも解雇はしないと決めている現社長は、立派どころか典型的なダメ社長だ。もっと自由に、自分が正しいと思ったことをどんどんやっていけばいいと思う。
〝A rotten apple spoils the barrel〟（ひとつの腐ったりんごが樽全体のりんごを駄目にする）という海外のことわざをもち出すまでもないことだが、腐ったりんごを取り出すのも社長の役目なのである。

さらには、業績の大変悪い会社に赴任してきた新社長が、会社の状況を見て、やむなく集団解雇に踏み切ると判断しても、それは仕方のないことだ。

ただ、そのV字回復を狙っての集団解雇は良しとしても、一回限りであるべきだ。周りを取り巻く環境が大きく変わっていないのに、それから一、二年経って、また集団解雇をするような状況に陥ったなら、それは既にその新社長の明確な責任であって、そのときには自分も潔く辞めるべきだと私は思う。

集団解雇のように厳しいことを何度も繰り返していると、社内の士気は上がらないばかりか、優秀な人からどんどん辞めていき、再生の可能性はますます減っていくからだ。

さて、私の尊敬する第四代経団連会長、「ミスター合理化」「行革の鬼」と呼ばれた土光敏夫氏は、前例に縛られることをことごとく嫌ったそうだ。

東芝の再建を託され社長に就任した際は、いきなり朝七時三〇分に出社したので守衛が驚いたという。前任の社長は午前一〇時ごろにならないと出勤してこなかったからだ。

また、組合幹部に会いに組合本部に出向こうとする土光氏に勤労部長が驚き、「社長が自ら出ていくなんて聞いたことがありません、向こうがこちらに来るのが慣例です」とあわてて止めると、土光氏は平然と「前例がなければつくればいいじゃないか」と言い放って、本当にひとりで行ってしまったというエピソードを聞いたことがある。

私も、トリンプ・インターナショナル・ジャパンでは、ずいぶん前例がないことをやってきた。早朝会議、がんばるタイム、ノー残業デー、デッドライン……後述するが、パンツを頭にかぶったこともある。探せばまだまだあるだろう。

それまで誰もやっていなかったからといって、やらないほうがいいなどという考え方は、全然筋が通らない。そんな考え方は、一切捨ててしまうことをおすすめする。

私が辞めるときには年間一〇億円を超える利益を上げていたトリンプの低価格ブランド「アモスタイル」の立ち上げのときもそうだった。トリンプが傘下にＳＰＡ型直営店を持つなどということは、日本だけでなくほかのどこの国のトリンプもやっていなかった。むしろ暗黙のうちに「禁止されていた」といったほうが正しい。

しかし、長引くデフレで消費者の財布の紐が固くなっていた当時の日本市場に風穴を開けるには、どうしても低価格帯の商品で、その当時どんどんオープンしていた郊外型ショッピングセンターに展開できる店舗を開拓しないわけにはいかなかったのである。

二〇年近くも前に、完全自動化で即日出荷をできるようにした大型物流センターの立ち上げも、月の最初の営業日の朝八時に全営業社員が自分の前月のP／Lを見られるようにしたシステムも、前例など気にしていたら実現できなかっただろう。

そして、そういうことをためらわず推し進めたからこそ、一九年連続増収増益を達成することができたのである。

6. 社長は、革命家であれ

保守的な人と革命家タイプの人。社長に向いているのはどちらだろうか。

いうまでもない、答えはもちろん後者である。

日本経済が右肩上がりで、毎年二桁の経済成長が当然だった時代なら、あえて波風を立てずに従来のやり方をおとなしく踏襲する保守的な人のほうが、むしろ歓迎されたかもしれない。

しかし現代のように、変化が激しく競争も苛烈な時代に、社長がそれまでの体制をひたすら保守しようとしていたらどうか。そんな会社は現状維持すらできず、ただただ売上を下げ続けるしかない。そして、遠からず市場から淘汰されてしまうだろう。

現状に収まろうとせず、常にもっといいやり方や、新たな可能性を模索し、斬新な成長戦略を描ける人。二一世紀にふさわしいのは、こういう革命的な社長なのである。

日本の社長にあたる言葉は、欧米ではCEOだ。最近は日本でも、CEOの肩書をつける経営者が増えてきている。しかし、そういう人たちがみなCEOの意味を理解しているかといったら、かなり疑わしいといわざるを得ない。

CEOとは、〝chief executive officer〟のこと。このうちの〝executive〟は、「実行する」という意味の〝execute〟から派生した言葉なのである。つまり、実行することこそが、社長の本質なのだ。

だから、欧米の社長はとにかくフットワークがいい。日本のように、本社の最上階の社長室に、日がな一日ふんぞり返っているような人はいない。そんなことをしていたら、欧米ではすぐに株主からダメ出しをされて、社長の座を追われてしまうからだ。

その点、日本は甘い。いくら社長の動きが悪くても、社員が勤勉かつまじめによく働いて、その動きの悪さを目立たなくしてくれる。

欧米から本当のＣＥＯをたくさん連れてきて企業のトップにすえれば、多くの日本の会社はあっという間に再生するだろう。それくらい日本の現場力は、ほかの国と比べても、まだまだ優秀なのである。

しかしそれに対して、その恵まれた戦力を使いこなせる行動的なリーダーが、圧倒的に不足している。

それゆえ日本の会社では、革命的なイノベーションがめったに起こらない。

日本の社長のフットワークが欧米並みによくなれば、わざわざ外国人のＣＥＯに頼る必要はなくなる。これから社長を目指す人は、「計画すること」に多くの時間を費やすのではなく、ぜひ「徹底して実行する」ことを心掛けてほしい。

「社長にはフットワークの軽さが必要になるといったって、具体的にどうすればいいのか」と思われるだろうか。

次項から記していくが、本当に社長としての仕事をまっとうしようと思えば——やることは、死ぬほどある。

7．社長は、現場を一〇〇パーセント把握しろ

社長は、会社で起こるすべてのことの最終責任者なのだから、会社について隅々まで知っていて当たり前だ。また、そうでなければ、正しい経営判断や意思決定などできるわけがない。それどころか、社長が現場を知らなければ、何が起きるかわからない。

それなのに日本の社長は、現場の最前線で何が行われているかを、自分の目で見、耳で聞いて確認するという大事なことを、あまりしようとしない。

もし、「社長である自分のところには、各部門から報告が上がってくるのだから、わざわざそんなことをしなくてもいい」「私は現場に任せる社長なのだ」と考えているのなら、その人はたいへんな勘違いをしている。

「報告」というのはむしろ、部下が都合よく上司に見せるために、諸々の事項を報告書やパワーポイントにまとめたものだ。確かにそれで、概要くらいはわかるかもしれない。

しかし、神は細部に宿るという言葉もあるように、会社にとって本当に重要なことや、ビジネスのヒントは、現場の何気ないところに潜んでいるものなのだ。

そしてそれらの微細で重要なことが、何枚かのA4用紙や、グラフやチャートで見栄えよくつくられたパワーポイントの画面に盛り込まれている保証は、どこにもないのである。

逆に、私は会社でいつも「悪魔は細部に宿る」といっていた。ほんのささいなことを見逃すだけで、成功するものも失敗してしまうからだ。

さらに、報告する人が「これは社長の耳には入れたくない」と思ったら、その情報は隠されるか、わからないように脚色されて伝えられる可能性のほうが大きい。

そして、仮にそういうことが起こったとしても、自分が現場を知らなければ確かめようがないし、それは自業自得というものだ。

経営にかかわるような大事なことが報告されず、問題が発覚したあとになって「私は聞いていなかった」と、まるで自分には責任がないような言い方をする社長が、最近はずいぶん目につくが、私にいわせればそんなものは、「自分は経営トップとしての仕事をやっていません。無能な社長です」と宣言しているに等しい。

下からの報告だけ待っていれば、そうならないほうがおかしいのだ。

8. 社長は、組織の階層を減らせ

ただし、社長が現場に顔を出し、社員と直接話をすることを、中間の立場にある部長や課長はあまり歓迎しないかもしれない。現場を知っている社長には、いい加減な報告でごまかすことができなくなるからだ。

どこの組織でもピラミッド型なので、情報は下から順を追って上がっていくのが普通だ。だから、トップが現場で直接話を聞いてしまうと、間にいる人間は非常にやりにくく感じる。

社長が現場に頻繁に来るようになると、立場もあるし、「現場のことはすべて中間管理職の自分たちが把握しているのだから、わからないことがあったらこっちに聞いてくれ」という声が必ず上がるようになる。

しかしながら、「徹底してやる」というのは会社経営の基本中の基本だ。現場感覚がなければ社長の仕事に支障をきたすし、責任も果たせないのは確かなので、嫌がられようが気にせず続ければいいのである。

私がトリンプ・インターナショナル・ジャパンの社長に就任した当初は、早朝会議だけではなく、各部門で行われる会議にも、時間が許すかぎり出席していた。いや、むしろ私のスケジュールに合わせて会議を開いてもらっていた。

社長がいたら、気は抜けないはずだ。社員はさぞやりにくかっただろうが、そんなのはおかまいなし。やると決めたらどこまでも徹底してやるのだ。デッドラインの導入と情報共有化を社内に徹底する目的もあった。

だから、最初の頃は京都郊外にあった工場へ、そして、掛川に物流センターが出来上がると、今度はそちらのほうへ、朝七時前後の新幹線に乗って毎週通っていた。

まず、前線の情報を課長がまとめる。次に、各課長がまとめたものを、部長が引き取り整理する。さらに、それを本部長が……などということをやっていたら、ドラッカーもいっているように、そのたびに「雑音・ノイズ」が加わり、中には解決すべき問題があるのにそれが過小化されるなどして、情報としての正確さはどんどん失われていく。

現場を正しく把握するためには、組織の階層はできるだけ少ないほうがいい。

それに、階層が減れば、それだけ人も少なくてすむ。たとえば、本部長の下にA、B二人の部長、さらにA部長の下とB部長の下に、それぞれCとD、EとFという課長がいる組織だとしよう。

たとえば、ここから本部長とB部長をなくし、A部長の下のC、D二人の課長に追加して、E、F課長とその部下を加え、すべての現場の管理と報告をさせるようにする。そうすれば、まずは本部長、B部長の二人を減らせ、階層をひとつ減らすことができるのだ。ひょっとして、課長も一人減らすことができるかもしれない。

もちろん、この種の変更はA部長の守備範囲が広がり、大きな負担がかかることになるし、外れる二人に活躍してもらう場も用意しないといけないから、周到に段階を追って進める必要がある。

組織はできるだけ小さく、階層が少ないフラット型に近いほうが、現場に近くなるし、スピードも効率も上がり、何かと都合がいいのである。私がトリンプ・インターナショナル・ジャパンに来たときにいた一〇〇人を超える本部長は、私が辞めるときには三人しかいなかった。

Ａ部長の負担は増えるが、日本のホワイトカラーはもともと生産性が低いので、組織をあげて部下をデッドラインで鍛えれば、優にいまの三倍は仕事ができるようになる。これは私が保証しよう。それで、じゅうぶん対応できるようになるはずだ。

それに守備範囲が広くなると、それだけで、細切れの組織とは違い、自ずと効率化ができるようになる部分も意外と大きい。

9. 社長は、社員のやる気をアメで引き出すな

会社が利益を上げ続けるためには、仕事に対する社員のモチベーションが高くなければならない。とくに、不況や競合の参入などで経営環境が厳しいときは、一人ひとりがあと数パーセントずつでも余計に売上を上げてくれたらと思わない経営者はいないだろう。

けれども、いくら朝礼で社長が「君たちはもっとできる。あと数パーセントでいいから、がんばれ！」と奮起を促したところで、「こっちはもう十分がんばっているのに、それがわからないのか！」と、逆に反感をもたれるのが関の山だ。

では、馬の鼻先にニンジンよろしく、インセンティブなどのアメを用意して、それで社員のやる気に火をつけるというのはどうだろうか。

サルやイルカに芸を仕込むのならそれでいいだろう。あるいは、おかあさんが子ども相手に「今日はおやつに美味しいケーキを買ってあるから、早く宿題をやっちゃいなさい」というような使い方ならまだわかる。

しかし、人間のおとな相手にはどうだろう。はっきりいって、この種の訓練用の餌レベル以上のものでないやり方には、私はまったく懐疑的だ。私自身、会社がそういったものをくれるから仕事のやる気が増したという経験が、かつて一度もない。ましてや、それが飛び込み営業のような特殊な営業であれば有効に機能するのかもしれないが、決まったお客を定期的に訪問するようなルートセールスでは、はなはだ疑問である。

それが個人ではなく、たとえば、「全社で、あるいは部門でこれまでの売上を達成したら、会社として全員に特別ボーナスを出す。そのために、各人に落とし込むと、あなたは前年対比Xパーセントを達成してください」というのなら喜んでやるのが、それこそ日本人というものであろう。

私が働いた香港のトリンプでは、セールスマンの収入の中でインセンティブとしての歩合が大きな比率を占めていた。

個人に設定された歩合の額が大きいと、それなりに力を入れて働いてくれる。加えて、テレビコマーシャルも流し順調に売上が伸びた結果、トータルの収入があまりにも増えすぎて、歩合の比率を下げる交渉をしたことさえあった。

日本人はその点、個人が得るお金を直接的な目的とするよりも、チームワークで結果を出してもらおうとしたほうがうまくいく。皆で一生懸命働いた結果、個々の給料が上がり、ボーナスが増えればいいといった考えで、それは日本人のとても良い所だと思う。

では、そういった日本人に、どうすれば本当の意味でやる気を出してもらえるのか。

それは、いまの自分にはいささか荷が重いかもしれないという課題に、権限を任せられて果敢に挑戦するときだと思う。まったく違った意味で「やってやろう」という気持ちが強烈に刺激されるはずだ。

ここに仕事の醍醐味を感じなければビジネスパーソンとはいえない。日本人であれば、この気持ちはよくわかるはずだ。

これがもし相手が日本人でない場合なら、同じく醍醐味を感じてもらうにしても、「今回これだけ給料を出すから、この仕事をやってくれ」というアプローチになるはずだ。

そして、努力と創意工夫でなんとかその困難な課題をやり切って成果が出たときには、会社が用意したアメなどとは比べものにならないくらいの満足感が得られるし、周囲の賞賛の声がさらにそれを高めてくれる。

一度でもそれを味わったら、次もまたがんばろうという気持ちになるのは当然だ。

つまり、仕事そのものから喜びを感じられるようにすれば、下手な小細工などしなくても、モチベーションは自然と高まるのである。

だから、本当に社員のモチベーションを高めたいなら、そしてそれが日本人相手なら、アメなどといったレベルの低いインセンティブではなく、社員が「仕事で」快感を得られるような仕組みをつくればいいのだ。

この〝雰囲気が盛り上がった状態〟を作り出せるかどうかで、会社のスピードも業績も大きく変わってくる。もともと日本人は一生懸命働こうとする気持ちをもっているのだから、環境づくり、雰囲気づくりにこそ、社長は努力をすべきだ。

それに、アメというのは、仕事をやり遂げてほっとしたとき、思いもかけず大きなプレゼントをされるから美味しいのではないだろうか。

トリンプ・インターナショナル・ジャパンでは、私が辞める最後の数年は、その年度の売上と利益目標を達成できたら、通常のボーナスとは別に、全社員に一律ひとり五万円を、「第二ボーナス」として出していた。しかも、その金額を毎年一万円ずつ増やすことにしていたが、もらってうれしいのは、絶対こっちのアメのほうだ。

10. 社長にも、横やりは入る

トリンプ香港での働きが認められて、トリンプ・インターナショナル・ジャパンのマーケティング本部長に抜擢された私が着任してみると、たかだか二〇人にもならない小さい組織なのに「本部」と呼ばれていた部内がてんでんばらばらで、内部のコミュニケーションに大きな問題があると考えた。

そこで私は、自分が担当するマーケティング部門内部で毎日の早朝会議を始めた。

ほどなく営業本部長の参加も得て、少しずつ効果が出始めると、次は営業の部長にも早朝会議に参加するよう声をかけたのだが、ここで大反発が起こった。

「マーケティング部門は営業のことに口出しするな」

「日本のマーケットは、自分たちがいちばんよくわかっている」

改革を進めれば、現状を変えたくない人たちが拒絶反応を示し、抵抗勢力となるのは織り込み済みだったので、私は意に介さず、辛抱強く一人ひとり説得していった。

ところが、あるときそんな私のやり方に、思わぬ横やりが入った。

トリンプのオーナーであるギュンター・シュピースホーファーから、「あまり厳しくやりすぎるな」と注意を受けたのだ。社内の抵抗勢力の誰かが、告発に及んだのは明らかだった。

しかし、いくらオーナーにそういわれたからといって、「はい、そうですか」と急に手綱を緩めるわけにはいかない。その間に私はCOOとしての副社長になっており、何をおいても利益を出せる体質の会社に変えることが第一の仕事だったからである。

これはオーナーの指示の中で、私が従わなかった数少ない指示のひとつだった。

私が立て直しの命を受けて赴任したトリンプ・インターナショナル・ジャパンは、売上が一〇年近くにもわたって一〇〇億円前後で停滞し、慢性的な赤字にあえいでいた。色々なところに根本的な問題を抱えていたので、いわばマイナスからのスタートだ。

やってみてわかったが、これはゼロから始めるよりもはるかにハードルが高い。

たとえば工場。何もない状態から事業を始めるなら、工場を新しくつくるのも手だろうし、あるいは日本のサブコンから商品を買うか、はたまたコストが安いのならトリンプの工場から輸入した製品を販売するという方法も考えられる。とにかく、ゼロベースなら、状況に合わせて最適な手を打つことができる。

ところが、トリンプ・インターナショナル・ジャパンには、すでに古い工場が二つあって、そこで数百人の正社員が縫製工として働いていた。技術は素晴らしいのだが、平均年齢はかなり高く、当然その分人件費もかかる。しかし、たとえ工場の規模やコストが適性とはいえなくても、そこを使わないわけにはいかないのだ。

しかも、工場の屋根に設置されている古いロゴの電飾看板が壊れたまま放置されていた。このロゴだと社名の「トリンプ」が「ハリンプ」としか読めない。

さすがにこれでは看板の役割を果たさないので、即刻取り外すよう指示を出したのだが、現実はそれすら許してくれなかった。工場が古すぎて、人が屋根に登ると重みで屋根に穴が開く恐れがあるため、大型のクレーン車を使用してはずすしかなかったのだけれども、そうすると費用が一〇〇万円近くかかってしまうというのだ。

赤字会社にそんなお金はかけられない――。結局、その看板にはしばらく手がつけられなかったのである。これこそ、どん詰まりだ。

11. 社長は、数字と姿勢で文句を封じろ

本社にも、負の遺産がいたるところに残っていた。新しいやり方を導入するには、まずそれらを一つひとつつぶしていかなければならないという余計な手間がかかる。

しかも、非効率だから新しいものに変えるのだが、それでも古いやり方に慣れ親しんだ人にとっては、これまでのやり方のほうが慣れているので、変えることに非協力的だったり、露骨に反対してきたりする。

私は、そういう人たちに対しては、なぜ変えなければならないのか、きちんと理由を説明して、納得してもらうよう努めた。

アップル創業者の故スティーブ・ジョブズ氏は、現場の人間に「こんな風にしろ!」「こうしたらいいだろう!」と、いいたいことだけいって出ていった人だったというが、そこは普通なら、まず「なぜこうするべきなのか」を正しく理解してもらえるよう努めるだろう。ジョブズレベルの独裁者でなければ、それで通すことはなかなかできない。

だから私もきちんと説明していたつもりだったが、こちらが絶対に正しいと思うことに関しては、一切の妥協はしなかった。いい例が、私が早朝会議と同時に導入したデッドライン。これは日本に来る前に香港のトリンプでも導入し成果をあげていた。

いったん決めたデッドラインで、それを本人も了解したなら、「できませんでした」という泣きごとや、一切の言い訳は絶対に聞かない。何が何でもやりきってもらった。

それまでのトリンプ・インターナショナル・ジャパンには、そういう仕事に対する厳しさが微塵もなかった。だから私のやり方が厳しすぎるように、彼らの目には映ったのだろう。そこでオーナーに泣きついたのである。

しかしながら、私が厳しいというよりも、それが世界標準では当たり前の仕事の仕方なのである。実際、私は日本に来て突然厳しくなったわけではなく、トリンプ香港時代の仕事のやり方をそのままトリンプ・インターナショナル・ジャパンに持ち込んだだけなのだ。それが厳しすぎると感じるなら、逆にそれまでが甘すぎたということにすぎない。

トリンプ香港のスタッフは、三年間一緒に働いて、私の性格も、仕事に臨む姿勢もよく知っているので、仮にオーナーと対立しても、彼らが私の味方になってくれるという自信もあった。私が、オーナーの「あまり厳しくするな」という注意を無視することができたのには、そういう背景もあったのである。

そして、最初こそ社員に反発されたが、私が来た翌年の売上が一〇四億円から過去最高の一一七億円、さらに一四〇億円と年を追って売上が伸びるに連れ、文句をいう人は自然といなくなっていった。

そういうものなのである。

誰だって、自分の会社の業績が伸びれば嬉しいし、さらにやる気も出てくるのだ。社長は結果を出さなければいけないという理由は、まさにここにある。

私はトリンプ・インターナショナル・ジャパンに厳しさを導入したが、それは社員に対してだけではない。自分に対しても、これまで以上に厳しくした。自ら律するのである。

朝は午前七時三〇分に出社し、それから夜の七時三〇分まで、昼食の時間に一〇分だけ席を外す以外は、毎日一二時間ひたすら仕事をし続けた。

結局、部下を納得させる決め手は、数字とリーダーの姿なのだ。裏を返せば、部下を怒鳴ったり、暴力を振るったりするのは、そのどちらかが欠けているからなのである。

12. 社長は、陰でごちゃごちゃいわない

「怒鳴るのは実力不足」と聞いたこともある。とはいえ、私が「部下を怒鳴ったことは一度もない」などということはまったくない。

開示すべき情報を黙っていたり、わかっていたミスや間違いをそのままにしていたり、私が絶対に許さないといっていた怠慢、そして嘘や隠し事をした人間に対しては、容赦なく怒っていた。いやいや、それればかりではない。最初の頃はどうしてもやらなければいけないことをやってもらうのに、本気で怒鳴ったりもしたものだ。

そんな私の性格を知る人からは、「社員を叱るときは、どんなふうに叱っていたのですか」といった質問を受けることがあるが、どんなふうにも何もない。

新人であろうが課長であろうが幹部であろうが、なんの区別もしない。しかも、別室に呼び出してネチネチ責めたり、陰で人に愚痴をいったりせず、ここでもまったくオープンに、みんなの前で叱りつけていた。そして、そのように叱りつけたら、それでサッパリと忘れ、すべて終わりにしていた。

ほめるときも同様で、賞賛に値することをした人は心からほめるし、みんなの前でほめていた。しかも、時間が経ってからではなく、その場でわかったときに、こちらも感激してほめるのだから、それこそ感動ものだ。

ただし、ミスや失敗に関しては、あるときからは意図して怒らないように心掛けるようになった。これは若いときにはできなかったことだが、ミスや失敗をした社員は自分でもよくわかって反省しているので、さらに追い打ちをかけて怒る必要はない、と思うようになったからだ。

そんな時間があったら、そのミスなり失敗をフォローする緊急対策にすぐに手を打っていったほうが、会社にとってはよっぽど有益だと、あるときから思うようになった。

どんなふうに叱るか、ほめるか、そんなことを考える暇があったら、全員に対して平等に、同様に、人前でがつんと叱ったり、とびきり賞賛したりすればいいと思う。自分の精神衛生上もそのほうがよっぽどいいだろう。

オープンであることは、常に会社を健全にすると、私は信じている。

13. 社長は、「仕事が厳しい＝ブラック企業」ではないと心得よ

私が社長を務めた時代のトリンプ・インターナショナル・ジャパンでは、社員を徹底的に鍛え上げた。

仕事は常にたっぷりあって、デッドラインは厳守。しかし、残業してだらだらやることは認めていなかったので、就業時間内に必死でやるしかない。

私が赴任してきた当初は、よくある日本の会社と同じで、トリンプのオフィスもワイワイガヤガヤとうるさかったが、いつの間にか話し声は聞こえなくなり、うろうろ歩きまわる人間もいなくなった。無駄話などしていたら仕事が終わらなくなってしまうから、必然的にそうなったのである。

静まり返った部屋で、各人が自分の仕事に没頭する日々。

いま、当時の部下たちと会うと、みな「あのころは苦しかった」と口をそろえる。こう書くとまるでブラック企業のようだが、元トリンプの社員は、そうは思っていないはずだ。なぜなら、

「苦しかった」

という発言のあとに必ず、

「でも、楽しかった」

という感想が加わるからだ。

実際、客観的に見てもかなりの激務を強いていたにもかかわらず、メンタルを病んで休職したり、退職を余儀なくされたりした社員は、私の知るかぎりひとりもいない。

私は社員に対し、会社の情報をすべてオープンにし、そのうえで何のためにこれをやらなければならないのかということを、朝の会議を利用してロジカルに説明することを心掛けてきた。

どんなにキツい仕事も、自分がそれをやる理由が納得できれば、がんばろうという気持ちで取り組めるし、それで結果が出れば仕事の醍醐味を感じられるというものだ。

ブラック企業が取りざたされて、厳しくすることに抵抗感のある社長もいるかもしれないが、「単に仕事が厳しい＝ブラック企業」ではないのである。ブラック企業と呼ばれるには、仕事が厳しい以上にそれなりの、特に、残業がらみの理由がなければいけない。仕事が終わらないので極端に長い残業が慢性化している状態が続いているような場合で、しかも会社と社員の両方で、本来追い求めるべき効率化の視点が忘れ去られていると、ブラック企業と呼ばれてしまうことが多い。

むしろ、厳しく鍛え、仕事で結果を出してもらうようにすることこそが、社長の仕事であると強調したい。それがまた社員の実力を伸ばし、社員本人のためになるのだ。

14. 社長は、社員に変な気を遣う必要はない

前項と矛盾するように感じられるかもしれないが、私は社長や上司という身分の権限を使って、部下を「働かせる」ようなことはしてこなかった。

たとえば、現場に行けば社長よりも社員のほうがよくわかっていることはたくさんある。そういうときは社員に質問して教えてもらえばいいし、私はそうすることにまったく

抵抗がなかった。

大体、私には頭を下げるという感覚さえなかった。こちらに興味があって質問すれば、何でも教えてくれるからだ。

部下に教えてもらったり質問したりすることに抵抗や拒否反応が起こる社長は、少なくないのかもしれないが、それは大損をしているし、完全に間違っている。

会社だから上下関係はもちろんあるが、それは「指示命令を伝えるため」に存在するのである。たとえば、仕事上の議論をするときは、相手が社長だろうが社員だろうが、同じ目的のために働いているのだから、そこに上下関係はないし、あってはならないのだ。

社員は全員同じ釜の飯を食べる仲間、というのが、私の感覚にはいちばん近い。

トリンプ・インターナショナル・ジャパンでは、お互いを呼び合うのに、部長や課長といった肩書をやめ、○○さんと名前を呼ぶようにしたのもそのためだ。

私のこういうやり方に対し、「それでは社長の威厳や、部長や課長といった肩書の重みがなくなり、リーダーシップが発揮できなくなる」と反論する人もいる。

たしかに、肩書が示す相手の立場に敬意を表するのは、組織で働く人間なら当然だ。しかし、黄門様の葵の御紋のように、肩書で抑えつけないと部下を使えないようなら、それはその上司のリーダーシップが未熟すぎるといわざるを得ない。

それに、そういう人はたいてい、肩書の力を自分の実力と勘違いしている。それで、会社を辞めたあとにその現実に気づき、急に相手にしてくれなくなった人を指し「あいつらは恩知らずだ」などと、お門違いの文句をいうのだ。

はじめからおかしな上下関係は捨てさり、「同じ釜の飯を食べる仲間」という関係を構築していれば、退社したって関係がなくなることはない。

そのことは、今の私が実証している。

一方で、最近は〝management by walking around〟といって、社員との距離を縮めるために普段から社内を歩き回り、積極的に声かけをする社長も増えてきているようである。これ自体は大変いいことだ。

私も昼食時に、弁当を食べている社員のグループの中に、缶コーヒーを奢《おご》ってあげるからと無理やり割り込んで、雑談に加えてもらうというようなことはしょっちゅうやっていた。

そんなときに聞き込んだ話で、よく覚えているものがある。ある女性社員が聞かせてくれた話だ。慶應を出た、やたらと優秀な女性なのだが、お酒好きなのが玉に瑕《きず》。遅くなると上野で夜行の急行に乗り換えて帰るそうなのだが、その晩は自宅に電話してご両親に最寄駅までの迎えを頼んだまではよかったが、すぐに気持ちよく寝込んでしまい、気がついた時はご両親から二〇回近くの留守電が入っていたという。

外を見ると真っ暗。時々電車は来たこともない駅につくものの、まったく人気がない。そしてなんといっても電車は富山行き。まだまだ先は長いものの、途中で降りても仕方ないので、富山まで行って戻ってきたというのだ。豪快である。

こんな話も、お互いにお腹を抱えて笑えるオープンな雰囲気をつくれていたからこそ、聞けたのだろう。

今ではその彼女も結婚して、お子さんもできて幸せに暮らしているのだが、彼女のフェイスブックにある写真はど真ん中に生ビールのグラス、その脇に彼女とお子さんが並んでいるのだから、なかなかのもの。

しかし、やはり仲間意識、楽しいだけでは仕事に必要な厳しさは生まれない。

本当に大事なのは、仕事そのものは厳しくとも社員が心の底から納得し、なおかつやりがいを感じて仕事に打ち込む、そういった気持ちづくりなのである。

15. 社長は、広告塔であれ

売上や利益を上げるのが社長の仕事なのだから、社長ならそのために効果があると思えることは、選り好みせずなんでもやらなければならない。

会社のＰＲはその最たるものだ。とくに、女性用下着のようにＢｔｏＣの商品を扱っている会社の場合は、社長がメディアに顔を出すことがそのままセールスにつながる。だから私は、積極的に広告塔を買って出ていた。

あるとき、明石家さんまさんが司会をするバラエティー番組に会社が取り上げられ、レギュラー陣のひとりである中村玉緒さんが本社に取材にやってきた。

そこまではよかったのだが、話の流れから、なんと社長の私が、商品である女性用のパンツを頭にかぶるということになってしまったのである。

さすがにこれには私も躊躇したが、せっかくのいい雰囲気を壊すのは残念だし、現場のディレクターも「この画は使いませんから大丈夫ですよ」というので、それならとリクエストにお応えした。

ところが、オンエアを観たらその場面がしっかり放送されているのである。もちろんスタジオは大笑い。「これは……」と思ったものの、さんまさんをはじめそこにいる人たちが口をそろえて「ここまでやってくれるなんて、いい社長さんですね」と大いにほめてくれているので、だったらいいか、と文句をいう気も起きなかった。うまく罠にかかったものだと、一人苦笑いしたものだが、今から考えれば、テレビ局側はひょっとしたら、うちの広報には前もって許可をもらっていたのかもしれない。

こんな調子でメディアに出ていたが、それで会社にマイナスになったことは一度もなかった。たとえ私が恥をかいても、それが会社のためになるならそれでいいのだ。社長業とはそういうものなのである。

「社長の顔が見える」会社といわれるように最大限の努力をすべきで、それによって会社に対する好意がゆっくりと醸成されてくるのを待つのである。

最近ではツイッターなどのSNSでユーザーや一般の人と直接やりとりをする社長もいる。しかも、そこで見聞きした意見も、いいと思えば実際に取り入れたりするという。

これは素晴らしいことである。会社のPRになるというよりも、どういった会社なのかをよく理解してもらえるし、何より自分の会社のことをきちんと熟知しているからこそできることであって、会社の隅々までわかっていないような社長にできる芸当ではない。

一般の人たちと同じ目線で話ができれば、会社の知名度も、好感度も上がる。

中には、社長の失言が怖いといって、社長にツイッターやブログをやらせない会社もあるようだが、会社にとって不利益な発言をする可能性があるような社長なら、さっさと辞めてもらったほうがいいだろう。

16. 社長の人脈づくり

得意先や取引先のトップや責任者との良好な関係づくりも、社長の大事な仕事のひとつだ。これは、保険のようなものだと思えばいい。

取引先との間には絶対的な上下の力関係があるので、それなりに親しくなっていないと、ときには受け入れがたいような無理難題を相手がいってくることがある。そういうときはトップどうしが直接腹を割って話し合える関係にあれば、まずは無理難題などいってこないだろうし、一方的に泣かされずにすむというわけだ。

ただし、いくらこちらがそう思っていても、意中の相手とそう簡単に懇意にはなれない。そこで私は、社長に就任すると同時に、近づける機会を狙って業界の集まりなどには欠かさず出席し、そこでとにかく当初は自分を知ってもらい、売り込ませていただくことに専念していた。

多くの百貨店は年に一度、数百名を超える納入業者が参加して行う総会のあとに、何らかの形の宴会なり、パーティを行う。その際、センターテーブルには百貨店の会長や社長といった役員の方々と、昔から決まった、またその会の理事にもなっている大手納入業者のトップが陣取り、残りの人たちは割り当てられたテーブルで百貨店の担当部長さんや、あるいは業者どうしで話をしたり、食事をしたりしている。

社長に就任して初めてその種のパーティに参加し、その仕組みを知った私は、次のパーティから会場に入るとすぐに、迷わずセンターテーブルを目指すようになった。

そこにいる人たちはみなお互いに顔なじみで、親しそうに談笑している。もちろん私のことを知っている人などひとりもいないので、居心地が悪いことこのうえないが、それでも我慢して、にこにこしながらそこにいる人たちの間をうろうろしている。

するといろいろな業界話が聞こえてくる。ほとんどが仲間内の話で理解もできないのだが、中にはお得意さんの動きなど、貴重な情報が勝手に耳に入ってくるのである。毎回そうしているうちに、何やかや関連が出てきて、向こうから声をかけてもらえるようになってくる。

そうやって、少しずつセンターテーブルで自分の存在が認められるようになり、だんだん親しくなっていくと、今度はそのグループの、よりプライベートなゴルフコンペや食事会などにも個人的に呼んでもらえるようになる。そして数年も経ったころには、正式のメンバーではないものの、私もまた常連のひとりになっていたのである。

もし私が、他の業者と同じように、パーティに参加しても自分の周りの数人と名刺交換し、あとは食事だけして帰るというようなことをやっていたら、百貨店の社長さんと家族ぐるみで食事をするような関係には絶対になれなかったはずだ。

もちろん、運が悪ければ単に図々しいヤツと思われて終わりだったかもしれない。けれども、待っていても業界の大物といえるような人たちと親しくなる機会などない。それなら、わずかなチャンスでも見つけたら、腹をくくって行くしかないのではないだろうか。

ただし、社長というのは昼間の業務もかなり忙しいので、そこに夜や休日のつきあいが加わると、肉体的にはかなり厳しくなる。そういう中で自分の健康を管理していくことが肝心で、社長の重要な仕事のひとつだと思っておいてほしい。

会社を隅々まで知り社内で叱咤激励をしながら、社外との関係を築く。社長は会社で一番忙しい役職だ。

第2章——戦略なき者は社長にあらず

17. 社長とは、「戦略」を打ち出す者

二〇一三年一〇月、台風二六号による土砂災害で生き埋めになった伊豆大島の女性が、二七時間にも及ぶ救助作業も功を奏さず、救助隊の目の前で亡くなるという悲惨な事故が起こった。

技術大国の日本、それも二一世紀の日本で、なぜそんな不幸な亡くなり方をしなければならないのか。私は憤りを禁じ得なかった。

命を救うために現場で必死の作業を続けた救助隊には心から敬意を表する。しかし、「がれきや流木などで作業が思うように進まなかったのだから仕方がない」で済ましては、絶対にいけない問題である。

私から見れば、彼女を助けられなかった最大の原因は「戦略の欠如」であって、がれきや流木ではない。

毎年台風の直撃に遭う日本列島では、土砂崩れは決して珍しい災害ではない。もし民家

が土砂に埋まり、その中に人が残っていたら、足場が悪い中で何を使ってどのような手順で助けるのか。そういうシミュレーションは、本来なら国や各自治体が日ごろからやっていなければならないものだ。

徹底したシミュレーションをやって、その現場に必要と思われる特殊な大型機材を開発し、保管場所を確保して、そのうえいつでも、日本のどこへでも運搬できるように準備万端、用意しておくのがその第一歩であるはずだ。

さらにいうなら、前もって災害に遭う可能性が高い地域を想定し、しかるべき対策を徹底して施しておけば、被害者の数はかなり減らせるはずである。

つまり、重要なのは災害が起こってから被害者の救助に全力をあげることではなく、災害の前に被害を最小限に抑える戦略を練っておくことのほうなのである。

どうも日本人は、その部分が弱い。会社でも、失敗によって引き起こされた緊急事態に対処することだけに忙しく、一山越えたところで、「ご苦労様」で終わってしまい、同じようなことが起きないよう再発防止策を徹底して追いかけて、次につなげることを忘れてしまうことが多いのだ。

本当はそちらのほうがより重要なのだが、メディアも、緊急の事態が終わってしまうと、その後の地味な努力について取り上げることはほとんどない。

さらには、この件でテレビ番組に伊豆大島の町長さんが番組に出てくださったので、「避難命令を出さなかった判断はさておき、今は行方不明者のひとりでも多くの方を救うべく、最大の努力を払うべきである。たとえば、捜索犬の数を増やすべき」と、キャスターとして番組に参加させていただいていた私から話をさせていただいた。

その表現が少しきつかったのだろう、「いま全力をあげて事態に取り組んでいる人を、そのようなことをいって責めるべきでない」と、たくさんの批判的意見を頂戴した。

私の言葉に出てきてしまった厳しさとは、災害の発生当時、大型の台風が接近中であるにもかかわらず、町長も副町長も島外に出かけてしまっており、現場での緊急度が判断できないまま避難命令を出さなかったこと、さらには土砂崩れに対して前もっての準備が不十分であったことなどに対する批判が、無意識のうちに出てしまったものだろう。

もちろん私は、災害が起きてしまった後、いま全力で対処していることを責めているのではない。ただそれは、当たり前のことにすぎないのだ。

むしろ、人の上に立つ人間だからこそ、未然に事を防ぐためにあらかじめ全力を注ぐべきなのだ。今回は、それができていなかったために、結果として四〇名近くの方が亡くなるか行方不明となってしまった。

これは、ビジネスも同じだ。何かが起こる前なら、こちらが主導権をもっていくらでも手を打てる。だが、いったん不測の事態が起こったら最後、受動的にそれに対応することしかできなくなってしまう。

だからこそ、前もって戦略を立て、実行し、最後の最後まで徹底しておくことが重要なのだが、なぜか日本では多くの場合、そこは端折《はしょ》って、「そのとき、その場でがんばる」ことしか考えない。

意地の悪い見方かもしれないが、「そのとき、その場でがんばればいい。それこそががんばるということ」と、そのこと自体を美徳としてしまっている風潮すらあると感じる。

18. 社長には、即解決できる問題が意外とある

一九八六年の春に伊豆で行われた、トリンプ・インターナショナル・ジャパンの社長と

すべての本部長が参加しての戦略会議。その年の秋から日本に帰ってマーケティング本部長として加わることが決まっていた私も、急きょ参加することになった。

会議のテーマはずばり、「どうしたら売上を伸ばすことができるか」。

当時のトリンプ・インターナショナル・ジャパンは、一〇年にもわたって売上低迷が続いていたから、重要なテーマだったのだろう。

ドイツ本社からは売上が上がらないトリンプ・インターナショナル・ジャパンに対し、プライベートブランドの導入を検討するよう指示が出ていた。各国のトリンプがプライベートブランドで成功し大きな売上を計上しているので、売上の悪い日本もそれをやれというのである。

それで、当然その方向で話が進むのかと思っていたら、あにはからんや、その案はあっさり却下されてしまった。

といっても、ほかにいい案があったわけではない。最初から、「プライベートブランドは日本の市場向きではない」というのが前提となっており、会議では「できない理由」をこれでもかと挙げていくのである。

私はあきれて、「できない理由」の一覧を指差し、「これらを一つひとつクリアしていけば、できるということでしょ」といった。しかし、それに対する回答の記憶がないから、たぶんうやむやにされてしまったのだろう。

要するに、彼らの頭には、「日本の市場はこうで、そこでトリンプ・ブランドの商品を売るにはどうするか」という発想しかなかったのだ。

現状を打開するために戦略的に考えてみることに慣れていないので、プライベートブランドの新しい市場を開拓しようという提案に対し、拒絶反応が先に立ってしまったのである。

こんなこともあった。トリンプの「スロギー」というブランドの女性用ショーツが全世界で売れているので、本社は日本でも売るようしばしば要請していた。にもかかわらず、日本は頑としてそれを売ろうとしない。一度導入して失敗しているからだ（そもそも以前に失敗したこと自体、不思議なことなのだが）。

スロギーは水色の箱に入っていて、その水色の濃淡でサイズがわかるという特徴のある商品だったのだが、日本側は「箱に入った商品は売れない」の一点張りなのだった。

そうして何年も、日本にはスロギーがないという状態が続いていたのだが、マーケティング本部長になってその話を聞かされた私が、すぐにこう指示を出した。

「スロギーを箱なしで売ろう」

全世界で売れているのだから、商品はいいに決まっている。箱がネックなら箱をなくせばいい、それで問題解決、というわけだ。

案の定、スロギーは日本市場でもヒットし、いまでも年間数百万枚も売れる人気商品になった。

そのスロギーで行うキャンペーンで「2＋1キャンペーン」というのもあったが、これもまたモメた。キャンペーン期間中は商品を二つ買うと、ひとつおまけに付いてくるという内容で、このおまけ分を含め全部で三つの商品が入った箱をつくって売るのである。これを全世界で毎年やっているのに、トリンプ・インターナショナル・ジャパン社内は相変わらず「箱は売れない」「2＋1など前例がない」と大反対。

しかし、そんなのは反対の理由にならないと、私の独断でキャンペーンを行ったところ、売れないどころかあっという間に用意した数量は売り切れてしまった。これも、いまでは毎年恒例のキャンペーンになっている。

こんなものは戦略にも入らないような類だが、もっともに聞こえる「できない理由」ほどあてにならないものはないということを、社長は頭に刻みつけるべきだ。自分のもつ現場感覚を頼りにするのである。

19. 社長は、夜中に目が覚める

私は背が高く声も大きいので、豪放磊落《らいらく》な性格と見られがちだが、実は、そういうわけでもない。人一倍細かいところが気になるという側面も、幸か不幸かちゃんと持ち合わせている。そうでなければ社長業なんて、とてもじゃないが務まらない。

高さ八メートルの防波堤を越える津波など来るはずがないと信じているような能天気な楽天主義者に、原子力発電所を運転する会社の社長を任せるとどういうことになるか、いまでは日本どころか世界中の人が知っているではないか。

社長をやっているときは、心配の種が尽きなかった。就寝中も突然、会社のあれやこれやが気になって、しばしば目が覚めてしまう。そういうときは、とにかく頭に浮かんだことをすぐにメモをする。ベッドサイドには、そのためのノートが必ず置いてあった。

朝起きてノートを見てみれば、たいていは取るに足らないような内容なのである。けれども、そうすることで万にひとつでもトラブルを未然に防ぐことができるかもしれない——そう思って、社長を引退するまでその習慣は続けた。

社長があれこれ心配するのは、会社にとって決して悪いことではない。けれども、心配しすぎるあまり、本業に手がつかなくなるようでは本末転倒だ。

あれも心配だ、これも心配だ、と心配に埋もれるのではなく、なぜそれが心配なのか、ということや、どれくらい心配なのか、ということをきちんと分析する。そして、緊急度の高いものから順に、置いておかずにすべて〝対処〟していくことが重要なのである。

緊急度が高いというのは、たとえていえば、すでに天ぷら鍋から炎が上がっている状態だ。実際、天ぷら鍋から炎が上がっている場に居合わせたら、誰だってまず全力で火を消すことだろう。

そんなときに、誰が鍋を火にかけたのかとか、なぜこんなになるまでコンロのスイッチを切らなかったのかとか、そんなことを議論しても仕方がない。そんなことをしているうちに、炎はどんどん燃え広がってしまう。

とにかく火を消し、火事の恐れがなくなったら、同じことが二度と起こらないよう再発防止策をつくるのが正しい順番だ。

この再発防止策は、できればマニュアル化しておくことが望ましい。しかも一度マニュアル化したらそれで終わりではなく、さらなる不都合が見つかったら、絶えずみんなで知恵を出し合い、よりよいものに書き換えていくのだ。

また、ひとつの部門の事例が他部門に応用できるケースも少なくないので、マニュアル化したらそれを横展開できないかも、併せて考えるようにするといいだろう。いわゆる「他山の石」として考えてみるということだ。

社長時代には、こうしてとにかくリスクを回避することが非常に大切な戦略と心していた。こういう対策をとるために、社長はいくらでも心配し、夜中に目が覚めたっていいのである。心配しすぎる、ということは一切ないのだ。

20. 社長は、部下に嫌われてもかまわない

嫌われるよりも好かれるほうが、誰だっていいに決まっている。しかし、社員から好か

れているからといって、その人が会社にとって本当に望ましい社長かといったら、そうとはかぎらない。

むしろ、売上や利益を上げるという社長本来の責務を忠実に果たそうと思ったら、平素からあらゆることに対して、厳しい、高いレベルのものを要求していくことになるので、たいていは嫌われるものなのである。そのことを証明する格好のモデルが、私の身近にいた。

トリンプの、ギュンター・シュピースホーファー前オーナーだ。

一九三六年生まれの彼は、一九六〇年代に母国のドイツから香港に来ると、そこを拠点にアジアの国々の市場を次々と開拓していった。当初は、香港でつくった商品をドイツに輸出するという単純なビジネス・モデルだけだったのだが、少しずつ周りの国でトリンプ商品を販売しようと努力していった。

その当時はまだ輸入も自由にできない、ましてや外資の投資に制限を加える国もたくさんあり、そういう場合はその国にまず工場をつくることからはじめた。そこでトリンプの商品をライセンス生産し、それを海外に輸出すると同時に、その国の市場でも販売して、少しずつ売上を伸ばしていくという形をとっていた。一九六四年に営業をはじめた日本も、そういった国のひとつであった。

そして、このギュンター・シュピースホーファーが、「超」がつくくらいのワンマンだった。彼の口から言葉が発せられたら最後、社員はそれに逆らうことは許されなかった。口答えなどしようものなら、たちまち怒鳴り散らされる。その迫力がまた、この世のものとは思えないほどすさまじいのだ。もちろん私も、とても恐ろしいと思っていた。

誰もが彼を恐れ、自分からは決して近づこうとしなかった。嫌われているというよりも、むしろ恐れられていたのだ。

私がトリンプ・インターナショナル・ジャパン勤務となった翌年の一九八七年には、彼はおおよそ、ふた月毎に日本にやってきて、毎回二週間滞在していった。

滞在中は朝から晩まで私のオフィスにずっといるから、その年は都合三カ月間、彼と一緒にいたことになる。さらに、毎日朝ごはんだけは別だが、お昼も夕食も、そして週末も一緒だったのである。

もちろんその間は、今日は何をいわれるのだろうと考えると毎日気が重かったが、かといって私は彼のことは、それほど嫌いではなかった。裏表があるわけではないし、怒っても悪意は感じられないからだ。

それよりも驚いたのは、彼が日本にいる間、ほとんど彼に電話がかかってこなかったことである。もちろん用事があって彼から電話をすることはあるのだが、逆は皆無に近かった。

つまり、ギュンター・シュピースホーファーは、社内の誰にとっても話がしにくい、もっと有体《ありてい》にいえば、できれば話などしたくないオーナーだったのである。


しかし、そんなキャラクターにもかかわらず、彼の担当するアジア地域は、いつも非常に成績がよかった。彼が近寄りがたいほど怖がられていたことが、経営にはプラスに働いたのだ。

そのころは、いまのようにメールなどなかったので、オーナーがひとりで、アジアだけでも十何カ国にまたがった子会社をチェックするのは、楽なことではなかった。そうなると目が届かないのをいいことに、仕事の手を抜いたり、不正をしたりするところが出てきてもおかしくはない。

そういうことがなかった理由はただひとつ、みんなギュンター・シュピースホーファーが怖かったからだ。

やるといったことをやっていないとか、本社に報告できないことを隠れてやっていたとか、そういうことが発覚したら、子会社の社長はオーナーの前で死ぬほどの恐怖を味わわなければならなくなる。それを考えたら、誰だって、既定の方針に従って、まじめにやることをやろうという気持ちになるのは当たり前だ。

ある種の恐怖政治だが、いま思えば、そういうスタイルのマネジメントでなければ、当時の環境で、あれだけの組織はコントロールできなかったのではないかと思うし、毎年二桁も売上を伸ばすことなど不可能であったと思う。

ちなみに、彼の名誉のためにつけ加えておくが、彼は怒っても決して相手をクビにするようなことはなかった。彼自身が解雇したのは、私が知っているかぎりたったの二人だけだ。それも、解雇されても仕方ないだろうと、会社内の誰もが思う人たちだった。

オーナーのことで、いまでもよく覚えているのが、香港でトリンプの何かの集まりがあったのだろう、私も参加しての夕食を終えた後のことだった。ホテルのバーで、オーナーと当時のシンガポールのオランダ人社長と私がその場にいあわせた。

彼ら二人は昔から仲がいいことで社内では有名だったのだが、その晩は、そうではなかった。シンガポールの会社が売上を落とし、それに対して経費面でどう対処するかという話が始まったのだ。

シンガポール社長が大変厳しい施策を説明し、了解を求めたにもかかわらず、オーナーは満足しない。何があったのかわからないのだが、それ以上シンガポール社長に求めることは無理と私が思ったところで、私からも助け舟を出してみた。

そうしたら、よほど虫の居所が悪かったのだろう、〝Get lost.〟（さっさと消えろ）とオーナーにいわれてしまったのだ。しかたがないから素直に「おやすみなさい」といい、その場を離れた。

翌日、「お陰で昨晩はあれから雰囲気が変わって助かった」とシンガポールの社長からは感謝された。同様に、オーナーからも私宛に「今日は何をする予定だ」と電話があったので、万事めでたし、めでたしで終えることができた。

私自身は、社長在任中、あえて嫌われようと思ったことはないが、かといって社員に好かれようなどと考えたことは一度もない。私の頭にあったのは、仲間である社員と一緒にいかに売上を伸ばし、利益を上げ続けるかだけで、それ以外はどうでもよかった。

社員に対しては情報を隠さず、すべてオープン。そうすると、こちらも公平かつ公正にならざるを得なくなる。さらには明るい社内の雰囲気をつくり、仕事は「任せる」ことを基本にして、一人ひとりがもてる能力の一〇〇%を発揮できる環境をつくっていく。

それで業績が良くなれば、みんなこの社長についていこうという気持ちに自然となるはずだから、嫌われたらどうしようなどということを、社長が心配しなくてもよいのだ。

戦略は、業績を上げるために立てればいい。

部下に慕われるにはどうするかなどというのは、頭を使うべきことのリストから一番に外して構わない。

21. 社長は、人生をも戦略的に考えろ

会社でいちばんの激務を担っているのは社長である。

もし実際そうなっていないなら、その社長の仕事の仕方が間違っている。また、責任も社内の誰より重い。だから、日ごろから睡眠時間はたっぷりとり、できることなら一カ月以上の長期休暇もしっかりと消化するのが望ましい。

これが矛盾に感じられる人は、仕事とは何かということを、一度根本から考え直したほうがいいだろう——といっても、いまの日本でこれが理解できる人は少ないと思う。

会社というのは、仕事をする場所だ。だから、出社したら終業時刻まで、死力を尽くして働かなければならない。これは社長も社員も同じである。

そして、そうやって八時間も働けば、三十代ならともかく、四十、五十代にもなれば夕方には精も根も尽き果て、頭の中は真っ白になる。だから家に帰ってゆっくりくつろぎ、よく眠る。そうやって頭と精神の疲労を抜くことで、翌日また新鮮な気持ちで仕事に臨めるのだ。

とくに、社長の判断は、ときに会社の経営をも左右するのだから、常にベストコンディションでなければならない。寝不足や慢性疲労の状態でこなせるほど、社長の仕事は甘くはないのだ。

長期休暇も大事である。日ごろどんなに体調管理に気をつけていても、見えないところでストレスは確実にたまるし、会社で同じ刺激ばかり受け続ければ、知らず知らずのうちに反応も鈍くなってくる。それに、日頃サポートしてくれる家族との関係も大事だ。

機械と一緒で人間も、定期的なオーバーホールが必要なのである。これはやってみると如実にわかるので、わからない人にはやってもらう以外に説明する方法はない。

実現する気があるのなら、今からカレンダーを見て「ここで休みをとる」と決めてしまえばいい。その予定に向かって仕事を片付けることができず、休暇を実現できないようなら、それこそ社長として仕事の仕方に問題があるといわざるを得ない。仕事を部下に任せるという基本ができていないことを意味するからだ。

休みをとって、心配になって会社に電話をしても「何もありません」という返事が返ってくるのが普通だ。それでいいのである。それこそが、会社がうまく回っている証拠だからだ。

私は、社会人になってから引退するまで、毎年最低一カ月の連続休暇をとるようにしてきた。この休暇がどれほど仕事にプラスになるかは、休暇明けの一日目に如実に実感できる。書類を読んでも、部下の報告を聞いても、頭にすっと入ってくるし、会議に出席しても、自分でもびっくりするくらいアイデアが次々に出てくる。しかも、どんなにひどい内容の報告を受けても、心はいたって平穏なままなのだ。

そういう効果を知っているから、欧米では誰もが遠慮なく長期休暇をとるのである。

長期休暇には自分自身のリラックスやリフレッシュのほかに、もうひとつ大事な目的がある。それは、「家族と一緒に過ごす」ということだ。

現役のときは仕事がすべてだと思っているかもしれないが、定年になればいくら自分が望んでも、もう会社に居場所はなくなる。以後の人生の中心は、必然、家庭となるのだ。

ところが、それまで仕事ばかりやっていて、奥さんとせいぜい何年かに一遍の一泊二日程度の旅行しかしたことがない人が、家庭でうまくやっていけるはずがないのである。

あるいは、ろくに休みもとらず無理を重ねてきた人は、年をとったら体のどこかにそのツケが回ってくるのは避けられない。

私は、仕事という制約のなくなった定年後は、「余生」ではなく自分の本当に好きなことのできる「本生」だと思っている。それなのに、家庭に居場所もなく、からだのあちこちにガタがきてしまっていたら、本生を楽しむことは絶対にできない。

そんな人生で本当にいいのだろうか。

元来、〝life for work.〟ではない、〝work for life.〟なのである。豊かな人生を送るために、人は働くのだ。もちろん仕事がいい加減では、生活の糧である収入が限られてくるから、満足いく人生にはならない。だからこそ、仕事ではきちんと結果を出さなければならない。同時に、体調管理や私生活にも、仕事と同じくらい目を向けるべきだといっているのだ。

それは、人生を自ら戦略的に組み立てることであると言い換えてもいい。

自分の八〇年の人生をどうやって充実させるか、そういう戦略的な視点をもてない人が、社長として会社の成長戦略など描けるはずはないのである。

22. 社長は、組織という水を腐らせるな

いくら好業績を上げていても、毎年同じことを繰り返していたら、その会社は確実に売上を落としジリ貧になる。

私が一九年連続増収増益を達成できたのは、現状に満足せず、常にもっと上を見て変化することを心掛けてきたからだ。

たとえば、トリンプの直営店「アモスタイル」がそうだ。

百貨店業界全体の売上が近い将来半分近くになるという分析が、九〇年代に当の百貨店側から発表された。専門店やスーパーも売上が下降線をたどる状況は同じであった。

トリンプとしては、売り場が減っていくのをただ指をくわえて見ているわけにはいかない。では、どうしたらいいのか。答えはＳＰＡ型直営店しかなかった。

社内からは、前例がない、百貨店と仕事がやりにくくなるなどの声が挙がったが、そんなものは一切無視。

社長が考えなければならないのは、時代の中でどうやって全体最適を実現していくかであって、これまでのやり方や慣習を守ることではないのである。そのアモスタイルが、私が辞めたときには年商一七〇億円の人気ブランドに成長していた。

「強いものや賢いものではなく、変化できるものが生き残る」

有名なダーウィンの言葉は、会社にもそのままあてはまる。

何があっても揺るがない強靭な組織は、一見安定感があるようだが、環境が変わるとたちまち足下がぐらつく。

本当に強いのは、臨機応変に姿を変えられる組織なのである。

ただし、変化することが大事だといって、意味もなく目的もはっきりしないまま組織や人の配置を変えるのはナンセンス。費用をかけ社内を混乱させるだけだ。外部の変化に対し、戦略的あるいは戦術的に変わるから意味があるのだ。

単に人を入れ換えれば組織が活性化する、というのも間違い。もしある部門が精彩を欠いているとしたら、まずはきちんとその原因を究明し、その対応策を施すというのが正しい対処の仕方だ。

それをせずにただやみくもに人を換えても、それは、施策レベルで単に新しい見方をして、新しいアプローチを試してもらうことにすぎない。まずは会社として低迷の原因を戦略的に明確にすることから始め、その上で、その原因が人そのものにあることがはっきりしていれば、よりその仕事に適した人に換えていけばよいし、そうでなければなんの解決策にもならない。

土光敏夫氏は、組織を活性化するには「チャレンジ」と「レスポンス」で揺さぶりを与えるのがいいといっている。

上司は部下に、「あの仕事はどうなっているのか」「違うやり方はないか」と問いかける。部下は上司が知りたいと思うことを、先手を打って連絡する。

こういう上司から部下への命令をチャレンジ、部下から上司へのコミュニケーションをレスポンスと呼び、その二つがあちこちで行き交うことで、組織活動にダイナミズムが生まれてくるという。

要するに、「動かない水は腐る」といっているのである。

23．社長は、手放すことを躊躇しない

経営戦略を立てる際は、現在を出発点とする視点だけでなく、未来はこうなるだろう、こうあるべきだという姿から現在に立ち戻った視点を必ずもっておかなければならない。

五年後や一〇年後に、参入している事業の市場がどのように変化し、市場の分野ごとの規模はどうなっているのか。その中で我が社はどの分野でどの程度のシェアを占める、あるいは狙うことができるのか。それらをシミュレーションし、ハッキリさせるのだ。そうすると、いま、なにをしなくてはいけないかが明確になってくる。

それで、どう考えても、もし市場のある分野での伸びや、シェア拡大の可能性が薄いようなら、当然事業の売却や撤退も選択肢に入れるべきということになる。

ところが、それが社長の肝入りで始めた事業だったりすると、たとえ将来性があまり感じられなくても、継続したいという気持ちが勝ってしまうことがある。そしてとうとう、

衰退必至のその事業に、社のエースを投入するようなことをやってしまうのだ。

　しかし、たとえそれで売上が一割伸びたとしても、テコ入れが成功したとはいえない。単に生き延びを図ったに過ぎないからだ。もしそのエースを、もっと有望な将来性のある部門に配置していたら、売上はまだ小さいかもしれないが、倍になったかもしれない。それは、会社にとって大きな芽を摘んだことになる。

　たしかに、思い入れから自由になるのは簡単ではない。それなら、新規事業であれば、最初から一年なり、二年でこれだけの売上なり利益なりが上がらなければ撤退する、というようなルールをつくっておくといいだろう。

　また、製造業の場合、よくよくソロバンをはじいてみると、商品を自社でつくるより輸入したほうが安いということもある。そういう場合は、工場を閉鎖し輸入に切り替えればいいのだが、そうすると、それまでその工場に勤務していた人をどうするかという問題が出てくる。こんなことはよくある。

　むげに解雇はできないので、たとえコスト高でもその工場で生産を続けるというのは、工場で働く人にとってはありがたいだろうが、全体最適を考えると、正しい経営判断とはいいがたい。

私も、トリンプ・インターナショナル・ジャパン時代に同じようなケースに遭遇したことがあった。最大限存続させるよう、何年にもわたって新規雇用はやめ、最大限のコストダウンを図る一方で、特殊な製品で少量とか、緊急生産に合わせた体制づくりとか、あらゆる存在理由を模索していった。そして、これ以上は無理だという時点になって、工場を、最終的に閉鎖すると決めたのだ。

だが、地方の工場ということもあって、従業員をほかの部門に回すことは不可能だった。では、どうするか。私は再就職先を見つけるプロジェクトチームを社内につくり、彼らが地元企業をお願いして回って、全員に新しい勤務先を用意することができたのである。

日本では社員の解雇やリストラは、それだけで悪いことのようにいわれがちだが、そういう判断を最終的に下さなければならないこともときにはあるのだということを、社長は肝に銘じておかなければならない。

そして、もしそうすると決めたなら、一緒に働いてきた仲間に対して、会社としてできるかぎりのフォローをするのはいうまでもない。

24. 社長は、部下の実力を把握しろ

組織では上に行けば行くほど仕事が増えるので、部下にうまく仕事が任せられない人は、社長になる前につぶれてしまう。逆に、将来社長になろうと考えている人は、仕事の任せ方を早くから研究しておくといいだろう。

仕事を任せるときにいちばん大事なのは、任せる部下の実力を正確に把握しておくということだ。

といっても、現在の実力でできる仕事ばかりを与えていてはいけない。実力以上にがんばらないとできないレベルの仕事を、あえて与えるのである。もちろんデッドラインは必須だし、完成させるために残業することも許さない。

こうすることで、必然的に部下の仕事のスピードは上がり、密度は濃くなる。これまで非効率なやり方をしていた人は、やり方そのものの見直しを迫られるが、それこそが成長のために必要なことなのである。

ただし、どういう仕事のやり方をするかは、本人に任せる。難しそうであれば、前もってどういったやり方で処理するのかを聞き、そのうえで一切を任せ、報連相は部下が自ら育つ障害となるので、絶対に強要してはならない。

それでも心配であれば、中間点にデッドラインを引き、遅れがないか、うまく進んでいるかの二点をチェックし、とくに問題がなければ、そのまま任せて、あくまで上がってきた結果で判断するのだ。

それを繰り返しているうちに、やがて実力そのものが上がり、精一杯と思えた仕事が余裕をもってできるようになる。そうしたら、さらにハードルを上げるのだ。

目安としては、前回、実力より一割増しの課題をクリアできたなら、その部下は現状より負荷が一割増しても対応できる能力があるということだから、今回も、現在の実力より一割アップした課題を与えるといい。

部下をいかに育てるかは、社長になる前の準備期間中に徹底してきたことだし、社長になった時点ではそのやり方を全社に広げればよいのだ。実力がつき自信のみなぎった部下であふれた会社ほど、働いていて楽しいことはない。

こうして、この部下は現在どれくらいの仕事ができて、これだけの成長の可能性があるということを日ごろから知っていれば、ポストに空きができ、次は誰に任せようかというときも、ふさわしい人材をすぐに選ぶことができる。

たとえそれが傍からは異例の抜擢のように見えたとしても、そういう裏付けがあれば、そうそう失敗はしないだろう。

25. 社長は、「この問題をなんとかしろ」といってはいけない

世の中に、無能な社長はごまんといる。中でも困るのが、指示の出し方がわからない人。経営トップがこうだと、問題がなかなか解決せず、いつまでも放置されたままになるので、組織が機能的に動かない。

「この問題をなんとかしろ」

これが、ダメな指示の典型だ。口癖になっている社長はいないだろうか。

問題を指摘するのはいい。しかし、それをなんとかするのは誰なのだ。

社長は、「この問題をなんとかしろ」、そういえばその問題に関係する部門長や担当者が、知恵を絞って解決策を考えると思っているのだろう。

だが、人というのは、「責任者はお前だ」と名指しされないかぎり、その問題のオーナーシップ、つまり当事者意識は生まれない。時間が経っても問題がそのままなのに社長がいらだち、どうなっているんだと声を荒らげても、

「なかなかみんなで集まる時間がありません」

「自分だけで対処するには無理があります」

「部長がやるのだと思っていました」

返ってくるのはこんな答えばかりだろう。

当たり前だ。誰だって目の前の仕事で手いっぱいなのだから、このうえ余計な問題など抱え込みたくはない。

それで、そんなやりとりが何度か繰り返されると、そのうち社長のほうも面倒になって、いつしか問題は解決しないまま棚上げにされてしまう。

こうならないためには、指示を出すときに、改めて解決すべき問題とその範囲を明確に

特定したうえで、その問題の責任者と、解決策をいつまでに提出せよというデッドライン、この二つを明確にしておけばいいのである。そして解決案ができると、次は実行完了に対してデッドラインを引くのである。とにかく徹底することがなによりも肝心だ。

このとき、責任者を複数にすると逃げ道ができ、どうしても自分がやらなければいけないという気持ちが薄れるので、特定の「個人」にすること。たとえ複数の部門が関連するような問題であっても、必ず誰か「ひとり」を指名するのである。

また、正直にいうと、ここで誰が責任者にいちばんふさわしいかをあまり深刻に悩む必要はない。

かつてこんなことがあった。営業部門で問題が発生し、ある営業部門長に問題解決を命じたのだが、彼の持ってきた解決策は不十分どころか、まったく用を成していなかった。そんなものは当然やり直しである。ところが、理由はわからないのだが、次も、またその次も、解決策とはいいがたいものしか上がってこない。

何度目かの彼の発表を聞き、これ以上やっても時間の無駄だと判断した私は、同席していた物流の部門長に、

「この問題の解決策は君がつくってくれ。期限は一週間。いいな」

と、強引に指示を出した。指示された物流の部長も、これにはさすがに苦笑いを浮かべ、とまどったようだった。それはそうだろう。物流部門の人間が、関係のない営業部門の問題を解決する策を考えるのである。これほど理不尽な指示はない。

しかし、そんなことはどうでもいいのだ。営業部門長にはこの問題を解決する能力がないが、あの物流部門長ならなんとかできる。私はそう判断したのである。

要するに、問題解決はそれができる人間に任せればいいのであって、それがその問題の本来の当事者かどうかは、極端な話どうでもいいのだ。もちろん、当事者に任せれば、実行するのにいちばんやりやすい方法を取れるという利点があることは間違いないのだが。

私の目論見どおり、一週間後、うまく営業部門を抱き込んだうえで、物流部長は見事な解決策を提示してくれた。

社長が考えなければならないのは、常に全体最適であって、社員一人ひとりの都合ではないのである。

26. 社長は、独断的でけっこう

判断を下せない。これこそ、間違いなく無能な社長だ。しかし現実には、失敗するか間違いを犯して緊急の事態に陥らない限り、慎重すぎるくらい慎重になって、周囲の意見ばかり聞き、結局自分からは何もアクションを起こさないという社長は少なくない。

仮に、そうやって現時点で全員一致の完璧な計画がつくれたとしても、マーケットを取り巻く環境は日々変化しているし、ソフトやハードの進化も日進月歩ならぬ秒進分歩なのだから、計画と現実との間には、たちまちずれが生じるのが普通だ。

ましてや、いくら完璧を期した計画とはいえ、実行に移してみると食い違いが生まれてくるのは、むしろ当たり前のことだ。

それなのに、トップがひたすらみんなの総意だからと計画どおりに進むことをよしとし、部下も状況を見ながら臨機応変に対応する権限を与えられていなければ、気がついたときには取り返しのつかないことになっているということになりかねない。

成功の可能性が六割はあると自分で確信できたら、周りが何といおうとすぐに一歩を踏み出す。そして、大きな岐路に立ったらそこでも右に行くか、左に行くか、それとも引き返すかといった判断をすぐに下せる。二一世紀はそういう社長でないと、会社を経営することはできない。

それでは社員がついてこないのではないかと心配する人もいるかもしれないが、そんなことはない。普段から必要な情報をきちんと社員にオープンにしていれば、なぜ社長がそういう判断をしたのかは、自ずと伝わるからだ。

ただし、持っている情報が変わらないのに、判断を変えるということは、単に「ブレる」ということだから、社長としてはこれをやってはいけない。部下は社長の判断パターンを理解し、仕事に役立てようとしてくれるもので、そのためにも明確な判断パターンを常に示し続けないといけない。

戦略は隠し持っていても仕方がない。情報をオープンにし、説明を怠らず、なぜそうすべきなのかが各人に理解されてこそ、正しく生きるのである。

それをせず、情報は社長がにぎったまま、俺についてこいでは、業績を上げ続けられる、よっぽどのカリスマでもないかぎり、社員は離れていってしまうだろう。

同時に、ときには逆風が吹くような判断であっても、それを社長自らが戦略に基づいて導き出し、正しいと考えた判断ならば、それをトップダウンで完遂する。

社長には、これができるだけの自信と責任感が必要なのである。

27. 社長は、何はなくともリーダーシップを身につけろ

せっかく考え、決定した戦略を実行する段になって、部下を動かすことにためらいを見せる人がいる。あるいは、戦略を考えるのは得意だが、その戦略を大号令をもって部下に実行させる段になって尻すぼみになる人がいる。これではいけない。すべては実行を伴って、初めて形になるからである。

社長の仕事をまっとうするためには、何よりもロジックで部下をグイグイと引っ張っていく「リーダーシップ」がどうしても必要である。

詳細は同じＰＨＰビジネス新書の拙著『結果を出すリーダーの条件』に書いてあるのでそちらに譲るが、ここではリーダーシップに絶対に欠かせないいくつかのポイントを記しておく。

まず、リーダーシップとは、いくら人に習っても高額な研修を受けても、身につくものではないということ。本を読んだり研修を受けたりして勉強しようという姿勢は結構だが、それは自分なりのヒントを得るものであって、それ以上のものではない。

リーダーシップは、あくまでも、自分で経験を通して会得していくものだからだ。この本を読んでいるあなただって、読めば読むほど「動かなければ」という気持ちになっていくことと思う。この本は、その焦りやわくわく感を感じてもらうための本だ。「こうすれば必ず社長として成功する」などという答えは、どこにも書いていないし、そんなものはないといっていい。

とどのつまり、リーダーシップを手に入れるためには自ら経験し、試行錯誤するしかない。これを肝に銘じることだ。社長になったらするべきことは、革張りの椅子に座って広い社長室を眺めることではなく、部下と同様に夢中で働き、その中でリーダーシップを実践していくことである。

そして、強力なリーダーシップを手に入れるにあたって、私が最も大切だと思うことは次の三つだ。

1. 常に結果を求め、絶対に諦めず、必ずやり遂げること
2. 部下に仕事を任せ、自ら育つ環境を設定し、報連相へのこだわりを捨てること
3. デッドラインを導入し、残業をなくすこと

この三つをあなたが達成しさえすれば、あなたの会社は自然に成果の出せる組織になっているはずだ。

あなたが編み出し、決定した戦略は、その組織のメンバーによって確実に実行され、結果を出すことだろう。こうなれば、社長業は面白いことこのうえない。

とはいえ、どれも簡単なことではない。

いつでも結果を追い求めることはそれだけでエネルギーのいることだし、部下のことは何かと心配になり、ともすると過干渉になりがちだ。現場のことは現場の社員が一番よく知っている、という事実を忘れ、やり方にまで口を出し始めたら、あなたの部下が成果をあげてくれることは期待薄になる。あなたの過干渉が実行そのものを難しくしてしまうし、こんなに部下のやる気を削ぐことはないのだ。

それから、残業ゼロ。これは私がこんなに本を書くようになったきっかけにもなるほどの大テーマであり、私の講演を聞いたり本を読んだことがある人にとっては、まさに「耳にタコ」状態であろう。

しかし、あなたがもし社長なら、耳にタコができるほど聞かされてもまだ実現できていない、というのであれば、それこそ大問題である。なぜなら、社員にはどうすることもできない会社の諸々のことを、社長は鶴の一声で変えることができるからだ。その権限をもってして残業がなくせないというのなら、それは残念ながら社長として力不足というほかあるまい。

残業をなくし、デッドラインを導入することは、自ずと全社の仕事の効率化とスピード化を同時に図ることになり、それを通じて部下の成長スピードが上がり、しかも経費を削減することのできる至上の戦略なのだ。

結果を求めること、部下に任せること、残業をなくすことは、三つそろって著しい効果を発揮する。三つをそろえて実際に結果が出るようになれば、あなたの号令に背く人はいなくなる。

リーダーシップは、この三つを目指し、実現することで確たるものとなる。

第3章——社長の「勘違い」にご用心

28. 社長は、部下を育てられない

ある経済誌に「部下を追いこむ危ない上司」という特集があり、「話を聞かない」「共感力がない」「相談しても一緒に困るだけ」などがその特徴として挙げられていた。

これらはどれもリーダーシップに関連する項目だ。つまり、そういうことをする上司は、リーダーシップに問題があるのである。

ただ、その中で特徴のひとつとされていた「完璧主義で細かすぎる上司」に関しては、大いに異論がある。これはむしろ正しい上司の姿勢なのではないだろうか。

神は細部に宿る。そして、悪魔も同様に細部に宿るのである。仕事の結果の細かいところまで疎かにしないのは仕事の基本的原則だ。上司が部下に完璧なものを求めるのは当然だし、そうでなければならないのである。

ただし、それは箸の上げ下ろしまで上司がうるさくチェックしろということではない。仕事に入ったあとになって、そのやり方やプロセスについて上司があれこれ口をはさむのは過干渉であり、部下は自分で考えることをしなくなり、結果として指示待ちとなる。

要するに、手取り足取りというのは、部下の成長を阻害するに等しい行為なのだ。私が、報連相は必要ないというのは、そういう意味なのである。

上司が目を光らせなければならないのは、部下の仕事の結果だ。「じゅうぶんではないが、まだ若いからこんなものだろう。はい、よくできました」――これでは、その部下はいつまで経っても、そのレベルから上にはいけない。

与えられた課題に対し、完璧なものを提出できなかったとしたら、その部下には資料の読み方か、データの集め方か、関係者へのヒアリングの仕方か、市場動向や商品力の認識か、とにかく、そのプロセスのどこかに甘い部分があるのである。

それは、本人が気づいていないのかもしれないし、自覚はあってもこの程度でいいだろうと高を括っているのかもしれない。

そして、誰かに指摘されないかぎり、その甘さはずっとそのままなのだ。

だから、上司は部下の実力を見極め、いまの力では少々手に余ると思えるような課題を与えるのである。そうすると、部下は実力を超える部分を手探りでやらなければならないから、結果はどうしても不完全なものにならざるを得ない。

そうしたら、上司は、なぜこれではダメなのかをきちんと指摘し、新たにデッドラインを設定してやり直させる。これを、完璧なものができあがるまで繰り返すのだ。

これは上司にとっても楽なことではない。部下がなかなか理解してくれないと、当たり前のことなのだが、自分でやったほうが早いという気持ちにもなる。

それでも、何度も結果に戻り、部下が自ら気づくまで辛抱強くつきあえるのが、いい上司なのである。これを上司がどこまで徹底できるかによって、部下の成長速度が決まるといっても過言ではない。

なぜこんな面倒なことをしなければならないかというと、上司が部下を「育てる」ことはできないからだ。

もちろん仕事にはマニュアル化できるものもあるし、それは覚えさせればすむ。だが、本当に重要なことは、ほとんどが言葉にできない暗黙知の部分なのである。それは、本人が気づき、自分で身につけていくよりほかないのだ。

ゆえに、本当に部下を育てるのは、他人が教えて育てる「教育」ではなく、自ら習って育つ「習育」なのである。

また部下の失敗に対しては、それがまったくの怠慢でない限り怒る必要はない。なんでこんな失敗をしたのだと部下を叱責するよりも、まずは失敗の影響を最小限に食い止めるための緊急対策が先だし、失敗した本人には反省をして、習ってもらえばいいからだ。

ただし、再発防止のために、失敗の原因究明だけはしつこいくらい根掘り葉掘りやって、マニュアルを変更しておくこと。まだその部門にマニュアルがないのなら、大げさにとらえずに、これを機会に少しずつつくっていけばいい。部下が同じ失敗を繰り返さないかは、やはり上司の徹底度によって決まるのだ。

この徹底度が甘い人がそのまま社長になると、その会社はタガが緩んだ状態となり、ミスや不祥事の温床となるのである。会社のレベルは、無条件に徹底度で決まるのである。

29. 社長は、仕事人間になるな

仕事人間というのは、日本では仕事熱心と同じように使われることが多く、それほど悪いイメージはない。さすがに社員に面と向かって滅私奉公を求めるような会社は、ここのところ減ってはきているが、それでも、上司に命じられたら残業もいとわないタイプでないと、社内で高い評価を得るのは難しいのが現実だろう。

だからだろう、社長にも「仕事人間」タイプが実に多いのだ。

私自身は決して仕事人間ではない。もし、現役時代に四六時中仕事ばかりしていたら、社員はついてこなかっただろうし、どこかで息切れをして、間違いなく一九年連続増収増益も達成できなかったに違いない。

それに、いま、こうやって本生を楽しむ毎日を送ることができているのも、私が仕事人間ではなかったからだ。

仕事人間の欠点は、仕事が人生そのものだと思い込んでいるところにある。たしかに朝早くから夜遅くまで仕事をしていると、仕事こそ自分の人生という錯覚に陥りがちだ。だが、人生というスパンでみれば、そうやってバリバリ働けるのは、人生八〇年のうち二〇歳から六〇歳過ぎまでの、せいぜい四〇年ばかりなのである。

自分は仕事人間だと宣言している人は、六〇歳を過ぎて仕事をする場所がなくなってしまったら、いったいどうするつもりなのだろう。

そのときのことは、そうなったら考えればいいと思っているのかもしれないが、それまで何の準備もせず、ひたすら仕事だけしてきた人が、定年になったからといってすぐに次のまったく違う人生に入っていけるとは、私には到底思えない。
はっきりいってそんなのは無理だ。

私にとって仕事というのは、映画や舞台と同じ仮想現実にすぎない。一日のうちのある時間、あるいは一生のうちの限られた期間だけ、ビジネスパーソンという役割を演じているという感覚だ。あるいは、仕事はひとつのマーケットでライバルと売上や利益を競うゲームと言い換えてもいい。

だから、仕事人間というのは、私にいわせればゲーム中毒者のようなものなのである。

いくら仕事がおもしろいからといって、のめり込んで一日中それればかりやっていたら、家族は迷惑するし、それでまともな人生を送れるとはとうてい思えない。仕事はゲームという認識があって初めて、きちんとした距離感で向かい合うことができるのだ。

それに、仕事にのめり込むと、定年でゲームオーバーとなってもそれが受け入れられず、いつまでも会社にしがみつくようになりがちだ。それは、仕事以外で人生を楽しむ術《すべ》を知らないからで、現役世代から老害と陰口を叩かれ、疎んじられているのもわからず、ひたすら仕事人間でいようという姿は、醜悪以外のなにものでもない。

誤解しないでほしいのだが、だからといって私は、仕事はほどほどでいいといっているのでは決してないのだ。

たしかに仕事はゲームだが、ほかのどのゲームよりも、背負っているものがとてつもなく大きい。自分の生活の糧を得るのもこのゲームだし、ましてや社長ともなれば、社員やその家族の生活までもが、ゲームの勝敗に左右されるのだから、負けてもいいなどとは口が裂けてもいえない。

その代わり、勝利したときの喜びは格別だ。それまでのすべての苦労が報われてなおお釣りがくる。だからこそ勝つために必死で努力しようという気になるし、しなければならないのだ。

また、ゲームを楽しむには、何においても体力を維持することを忘れてはならない。みんなが一日八時間働き、それで勝敗を競っているのに、自分だけ残業して余計に働いて一時的に勝ったとしても、いつの日か疲労がたまり仕事に切れ味も、新しい発想もなくなり、負けていくことになるからだ。

あくまでも残業は一時的に有効なものであって、いったんそれを恒久的なものにしてしまうと、体力を無駄に消費してしまうことから、サステナビリティといった新しい観点からも、およそ正しいものとはいえないはずだ。

体力を維持し、気力を充実させたうえで、デッドラインで仕事の密度を上げ、ライバルより優れた戦略を実行し、しかも長期間にわたって勝ってこそ、本当に美味しい勝利の美酒が味わえるのである。

社長が仕事人間では、会社にも仕事人間気質が伝播して、とてつもなく非効率な組織ができあがることだろう。

しかし、残念ながらそういった会社が日本にはいまだあまりにも多い。

30. 社長は、未来図を描いて見せろ

社長がやらなければならないことは、とにかくたくさんあるので、効率的に処理していかないと、たちまち案件の山の中で身動きが取れなくなってしまう。

しかし、社長になってからいきなり仕事のスピードを上げようと思っても、そうそううまくはいかない。将来社長を目指そうという人は、準備期間の今のうちに、能率や効率を意識して仕事に取り組んで、完全にマスターしておかないといけない。

そのためにいちばん効果があるのはデッドラインだ。私はこのデッドラインを、ドイツのメリタ社で働きながら学んだ。

私が働いていたころのメリタでは、社員一人ひとりにＡ４の書類が入る木箱が割り当てられていた。その箱の中には月と日付が書かれた仕切りがあり、社員は向こう三カ月分の書類を、締め切り＝デッドラインの日にファイリングするように決められていたのである。

出社して箱を見れば、その日に処理しなければならない案件がすぐにわかる。これだけのことで仕事の能率がこれほど変わるのかと、自分でやってみてその効果に本当にびっくりした。

私はさらにこれを応用し、自分の仕事も、部下に、あるいはほかの部門に仕事を頼むときも、必ずいつまでという締め切りを設け、それを厳守する、あるいはしてもらうようにした。これが吉越流デッドラインの始まりである。

すべての仕事にデッドラインを設定し、妥協を許さず、何があってもお互いに絶対に期限を守るようにすれば、仕事の密度は確実に濃くなる。とくに、日本のホワイトカラーはただただ長時間働く残業が前提となっていて仕事の効率がやたら悪いから、このデッドラインで鍛えれば、仕事のスピードは三倍くらいまで問題なく速めることができる。

なお、普通、仕事は通常緊急度の高いもの、つまりデッドラインが近いものから順に処理していくが、それだけだと、いわゆるデイリーワークの処理が中心となり、現状への対応しかできないことになる。

だが社長は、会社という船を目的地に向かって進めていく責任を担っているということを忘れてはならない。会社を将来どこに行かせるかはっきりさせることもできず、社長すら当面の問題処理で手いっぱいというのでは、社員は不安でたまらないだろう。

だから、社長は五年、一〇年先の目的地をはっきりさせることが必要だ。さらに、そこから現在を見て、今やらなければならないことを決める。それが本来、会社にとって重要な戦略というものになっていく。

この種の仕事は、重要性は高いのだが、緊急度が高くないため、つい後回しにされがちだが、会社にとって重要なのは、実はこちらのほうなのである。

31. 社長は、好みのツールを味方につけろ

アプリは個人的好みもあるし、人によって使い方も違うので、これがいちばんいいというものをひとつだけ挙げることはできないし、そうしたところであまり意味もないだろう。そこで、ここでは私自身が使っているものを紹介してみよう。

私はもう社長として働いているわけではないので、会社のシステムとの連携は一切考える必要がないところが大きな利点だ。むしろ、クラウドの環境がどんどん進んでくると、個人のほうがいろいろな制約がないので最新のシステムをどんどん使うことができるのは実に楽しいものだ。Gメールにしても、こちらは大きなファイルを送れるのに、相手の会社が受け取れないといったようなことがよく起きる。

私がアプリに求める機能はスケジュール管理、リマインダー、メモの三つ。

スケジュール管理に使っているのは、Googleカレンダーが基本だ。予定の部分にファイルを添付できるので、その日に会う相手から送られてきた書類、地図、招待状なども、全

部そこに入れてしまう。アポに関するメールも、同じカレンダーのメモ欄にペーストしておく。

また、アポが終わった後、初めて会った人の名刺もカレンダーのファイルに読み込んでおくと、名前をすぐに忘れてしまう私にとっては、次に連絡をするときすぐに探せるので便利だ。

リマインダー、メモそして名刺はじめすべての書類の管理に利用しているのは、Evernote。私はもともとEvernoteのヘビーユーザーだったのだが、ひとつだけ使い勝手に不満があった。それは、リマインダーがなかったことだ。

ご存知のように私はデッドライン信奉者なので、Evernoteに取り込んだ書類やメモのデッドラインを私宛に直接通知してくれる機能があれば、いちいちほかの方法で確認しなくてすむ。そうすれば仕事がさらに効率化できるというわけだ。

そこで、いまから三年ほど前に、エバーノート日本法人の外村仁会長に会った際、このことを強くお願いしておいた。そうしたら、なんと二〇一三年の春、Evernoteにリマインダー機能がついたのである。

その後、外村会長にお会いした際にお礼をいうと、「あれは吉越さんからいわれたからつけたんです」という答えが返ってきた。お世辞半分にしてもありがたい話だ。たぶん私以外のユーザーからの要望もたくさんあったとは思うが、とにかく格段に使いやすくなったのは間違いない。

名刺もすべて入れているが、OCR機能が優れているので、名前とか会社名さえ思い出せれば、入力するだけですぐに見つかるから便利なことこのうえない。

書類も全部このEvernote一本で管理して、よっぽど重要なもの以外、書類そのものは破棄してしまっている。変わったところでは年賀状もひとまとめにして放り込んである。

そのための読み込みには、すべてScanSnapという素晴らしい富士通のスキャナーを利用している。スピードといい、Evernoteとの連携といい、このスキャナーのお陰で私の仕事の仕方が大きく変わったことはいうまでもない。

ところで、日々の行動や思ったことを日記に書き留めている社長も多いと聞くが、私には、日記を書く習慣はない。日記を勧める人は、人間の成長には反省が欠かせないと思っているのだろうが、私の関心はいつも未来に向いているので、過去にはあまり興味がないといったほうが正しい。だから後手に回った反省もしないので、日記に興味がもてないのかと思う。

つまり、簡単にいうと、仕事には改めての反省が不要ということだ。

このような書き方をすると誤解を招くかもしれない。少し説明すると、仕事というのは失敗してもそこで終わりではなく、成功するまで継続して次々と手を打っていくものなので、すべてが終わった後の反省は必要ないし、そんなことに使う暇もないのである。

むしろ、次々と手を打っていく際に出される判断が、反省に基づいたもので、結果を見て頭を整理した結果出てきたものだと考えていいはずだ。確かに何か大きな失敗が起きて、それに対する緊急対策が終わった後には、反省会を開いて再発防止策を打つということはやるのだが、これも同じ仕事の延長線上にあるものである。

それでは、仕事を離れて個人的に日記を書きたいかといわれると、そのような気持ちもさらさらない。それは父が年をとってから書いていた日記をある日、整理していて見つけたとき、その日にしたことを書いてはいるのだが、正に記録をする以上の意味がなく、むしろ日記を書かねばならない義務感に追われて書いていたように感じられたことが理由にある。

その昔から日記を書いていた父がそのような日記を書いていること自体を不思議に思う

のだが、それは自分が子どものころ、夏休みの終わりに一カ月分をまとめて書かなければならないといった、日記のあり方と何ら変わらなく思えてならなかった。

社長が自分の身辺の管理が苦手だったり、反省にばかり時間をかけるようなタイプでは、会社は前に進めず、たまったものではないだろう。

机の上も、頭の中も常にきれいに整理されていないと、的確な判断はできないものだ。

32. 社長は、話が苦手では務まらない

講演や、テレビのコメンテーターなど、社長を退いてからのほうがむしろ、顔見知りでない方と話す機会は増えたような気がする。

そうなると、情報のベースが違うのでそれなりに気を配って話をしなくてはいけないことになる。昔とった杵柄《きねづか》ではないが、現役のときに部下に論理的に納得のいくように説明をするという、コミュニケーションのスキルをきちんと身につけておいたことが、いまこうして役立っているといってもいいのかもしれない。

社長というのは、この会社を将来どうするのかとか、そのためにいま何をしなければな

らないのかといったことを、論理的に筋道を通して社員に伝えなければならない。そうしないと、絶対に必要な社内の協力を得られないからだ。

もちろん緊急事態が起こったら「いいからやれ、ガタガタいうな」で済ませてかまわないが、それが通用するのは、普段から徹底したコミュニケーションをとっていて、社員が社長の考え方を理解し、信頼しているという前提があってのことだ。

それをせず、いつも「いいからやれ」では、それこそ単なるブラック企業である。

だから、社長を目指しているにもかかわらず、どうも話が苦手だという人は、いまからコミュニケーションの技術を磨いておかなければならない。

ただし、正しい滑舌や発声で話せる、あるいは立て板に水のごとくしゃべれるようになることが、コミュニケーション力の本質ではない。朴訥《ぼくとつ》とした話し方だって構わず、大事なのはあくまでこちら側のいいたいことが伝わり、理解してもらえることなのである。

私は一対一の会話でも、数百人相手の講演でも、いつも「きちんと理解してもらうこと」を意識し、そのために次の三つに気をつけている。

ひとつは、情報を隠さないこと。自分が持っている情報を見せず、結論だけを伝えても、なかなか同意は得られない。オープンにすることによって、こちらの気も楽になる。

二つ目は、論理的に話すということ。情報が同じで、なおかつその情報をもとに論理的に考えれば、誰もが同じ結論になる、いや、ならないほうがおかしいのだ。

だから、情報をオープンにし、そこから自分はこう考えたという論理に飛躍や破たんがなければ、それがいちばん説得力のある話し方になるのである。

といっても、これはあくまで柱の部分で、さらに深く共感してもらうためには、話に自分の感情を乗せていかなければならない。だが、それにはその人のキャラクターや個性が深く関係してくるので、一概にこうだと教えることはできない。これればかりは場数を踏み、自分で習っていくしかないのである。

三つ目は、ユーモア。一本調子で理路整然と話すだけでは、聞き手は途中で飽きてしまう。相手の注意を喚起し続けるには、たとえ厳しい内容であっても、途中に笑いの要素をはさむのが効果的だ。少なくとも私はそう信じて実践している。

しかし、おもしろいことをいおうと思っても、すぐには口から出てこない。やはりここでもものをいうのは、日ごろの準備だ。

私の妻はフランス人なので、彼女の友人からしばしば新作のフランス小噺《こばなし》が送られてくる。さすがにユーモアの国だけあって秀作ぞろいで、拝借して講演などで披露すると、ドッと笑いが起こること間違いなし。これが貴重な私のネタ元だ。

33. 社長は、ここ一番でびびってはいけない

トリンプ・インターナショナル・ジャパンの社長をやっているとき、商品を納入しているある大手スーパーの社長から、トリンプ製品の値引きを始めるが、今後も協力するよう直々に求められた。それに反対すれば、公正取引委員会の規定に抵触する、というのが彼らの見解だった。

その見解は正しいし、我々としては値引きに反対することはできない。そして、結果からいうと、いまだその値引きは続いているはずだ。

しかし、そのまま向こうのいうとおりにすれば、こちらのおつきあいしている別の得意先にご迷惑をおかけすることになってしまうし、ほかにも値引きするところが続いて出てきても仕方がないことになってしまう。

続いてその社長は、今度、新しい店舗を出すので、そこにも必ず出店せよといってき

た。そこで、私はこう質問した。

「本音の話をさせていただいてよろしいですか？　あるいは、建前でよろしいですか？」

彼は、もちろん本音を聞きたいという。そこで、私は彼にこう伝えた。

「建前からいうと、これまでのおつきあいもあるので、出店すべく努力致します。ですけれども、本音ということになると、値引きされるといろいろと影響が出て大変困ったことになるので、そうはいきません。ざっくばらんなところを話させていただくと、当社では、新規出店はあくまでその新店で近い将来に利益が上がるかどうかで判断することになっているので、そのお店単店で計算して利益が出ないようなら、その出店はお断りさせていただくことになります」

こうなると、既存店であっても利益が上がっていない店からは撤退ということにもなってくる。

その後の話も平行線をたどり、その社長は、最後には席を立って帰ってしまった。あとで同席していた向こうの部長に聞いたら、帰りの車の中でも怒っておられて、取りつく島もなかったと教えてくれた。

もちろん、その大手スーパーの売上は大きいし、結果によっては我が社にとってとても大きな影響を及ぼすことになる。ほかのお得意さまにできるだけご迷惑をおかけしないようにしなければいけないし、だからといって売上の大きな大手スーパーをむげにはできないことも事実だ。

最後は、売上があまり見込めず、利益が上がらないと判断した新規店に関しては、派遣社員とか装飾にかかる経費をすべて負担していただくことで決着することができた。

おかげで、値引きをすると利益が大きく減ることになるということを、他のお得意さまにもご理解いただける結果となった。これに関しては、弊社の営業が会談後のフォローによく動いてくれたといまだ感謝している。

この社長さんとのその後の関係はといえば、私が退任するときに御挨拶にいったのだが、一時間以上も話し込んで帰ってきた。

真剣勝負をしたことから、お互いに相手を認める気持ちになったのだろう。清々しい気持ちになって帰ってきたことを覚えている。

34. 社長は、決めつけてはいけない

時代が変化しているのに、いつまでも昔のやり方にこだわるのは、はっきりいって間違いだ。しかし、だからといって新しいやり方が必ずしも正しいというわけでもないのが、難しいところ。

ビジネス誌を読むと、毎号のように最新の仕事術などが紹介されている。もし、それらがことごとくこれまでのものより優れているのなら、日本のビジネスパーソンの生産性は年々上がっていってもおかしくないが、現実にはとてもそういうふうには見えない。

つまり、現在のやり方を凌駕する新しいやり方やアイデアが、そんなに頻繁に出てくるはずがないのである。

新しいからいいと初めから決めつけるのは、一見挑戦的なようでいて、実は思考停止でしかない。新しいもので、良さそうだと思ったら、まず試す。そのうえで、これは従来の

やり方と比べてどうなのかを検討、判断すればいいのである。

それには、自分の中に確固とした判断基準が備わっていなければならない。「慣れ親しんだやり方が一番」という保守主義も、「新しいほうがいいに決まっている」という新しいもの礼讃者も、自分の中に判断基準がないという点では、どっちもどっちだといっていいだろう。

社長が保守主義か新しいもの礼讃者のどちらかに完全に偏っているとしたら、それは会社全体の思考停止につながっているのだ。すぐに改めるべきだろう。

唯一の例外は、デジタル関連製品だ。この分野はソフトもハードも無条件で、最新のものが最も優れているといえる。だから、会社のパソコンなどは、まだ使えるからといっていつまでも旧モデルのままにしていると、結果的に大きな損をしていることになる。

何においても、会社で一番高いのは人件費だということを、社長は忘れてはならない。ついでにいうと、ファッションの会社でもない限り、社長が時代のトレンドや流行を追いかけることは、基本的に必要ないと私は思う。そういうものを探るために電車に乗ったり、まめに本屋に顔を出したりする人もいるようだが、そんな暇があったら自分の会社の現場に足を運び、最前線の人たちの話を聞いたほうが、よっぽど本業にプラスになる。

そういったことに個人として興味があるのなら別の話だが、仕事にはまったく必要ないと私は割りきっている。必要なら、その担当者がちゃんと取り入れるところには取り入れてくれると思うからだ。

日本人は、他人と同じであることに必要以上に価値を感じるところがあるので、みんなが知っていることを自分だけ知らないと、どうも不安になるらしい。

しかし、いまどんなテレビドラマが流行っているとか、流行語は何だとかいうのを知っていることが、会社経営に影響するとは、私にはまったく思えないのである。

それよりも、よっぽど嫌われてでもいない限り、社長にもなればいろいろな声が聞こえているはずだ。その中には本当に必要な情報というのも入っているし、そうでないものもいっぱい入っている。

むしろ、それに耳をすませ、聞き分けられるかどうかが問題だ。この本の冒頭にもち出した「ニーバーの祈り」にある判別できる知恵が、ここでも必要になる。

35. 社長は、社長らしさよりも結果を出せ

社長になることが決まると、急に社長らしく振る舞おう、社長にふさわしい態度をとろうなどと考える人が出てくるが、そんな必要があるのだろうか。なら、今までの準備期間にしてきたことは何だったのだろうか？

だいたい、これが正しいという社長らしさや態度があるのなら、私が教えてもらいたいくらいだ。私にはたくさんの社長の知り合いがいるが、タイプはみな違う。唯一いえるのは、個性的な人が多いということぐらいである。

社長らしくしようと思うのは、周囲から、社長として認めてもらえるだろうかという不安な気持ちの裏返しにほかならない。

そんな不安は杞憂だといっておく。

なぜ社長に指名されたのかを考えてみるといい。それは、その人が社長に適任であると、人が認めたからではないか。つまり、それまでの仕事の実績や能力からそう判断されたのだから、理屈からいえば何も変える必要はないのだ。

私だって、社長になって変わったのは名刺の肩書ぐらいのもの。仕事のやり方も、それまでやってきたことを今度は社長という立場でやるようになっただけで、基本的には何も変えていない。相変わらず出社すると上着を脱ぎ、腕まくりをして働いていた。

部下に対する態度や振る舞い方に関しても、自分から意識して変えたことは何もない。社長になって社員との距離が遠くなるどころか、以前にも増して現場を訪れるようになり、かえって近くなったといっていいくらいだ。

もちろん、組織のトップに立つプレッシャーは生半可なものではないので、最初から自信満々というわけにはいかないだろう。

でも、そのプレッシャーは、振る舞い方や態度を変えたからといって払拭できるものではない。自信をもつには売上を伸ばし、利益を上げ、社長として結果を出す以外ないのである。

ちなみに土光敏夫氏は、石川島播磨重工業や東芝の社長を歴任し、経団連の会長まで務めたにもかかわらず、国民が驚くほど生涯質素な生活を貫いたことでも有名だ。めざしがお好きだったようなので、社内ではよく、「めざしの土光さんを目指してがんばろう」といっていた。

社長の重責をまっとうしようと思ったら、逆に社長らしさなどに気を遣っている余裕はなくなる。社長が社長らしさなどというものにこだわっているようなら、本業が手薄になっていると断じざるを得ない。

36. 社長は、ストレスをためるな

どうしたら上手にストレスを発散できるか。そんなことに頭を悩ませている社長は、はっきりいって半人前だ。

社長は、どんなに難しい判断を迫られても、逃げ出すわけにはいかない。どちらにいけばいいか社長が判断しなければ、組織は身動きがとれなくなってしまう。

しかも、その判断というのは、必ず全体最適のための正しい判断でなければならないのだから、一瞬たりとも気を抜けない。多くの社長は、「社長とは孤独なもので、常にひとりで決断を下さないといけない」という。しかし、いちいちそれを負担に感じ、ストレスをため込んでいたら、からだがいくつあってももたない。

そういうとき私は、実際は当事者でありながら、気持ちは第三者として事に当たることにしていた。

前にも書いたが、私にとって仕事というのはゲームなのである。吉越というキャラクターが、社長という役を演じているにすぎないのだ。

そう考えると、どんなに厳しい局面に立たされても、「さあ吉越、どうやって切り抜けるのだ」と、第三者の立場で冷静に見られる。だから、ストレスがたまることはない。

木を見て森を見ずではないが、自分が森に入って木と対峙していたら、判断を誤ってしまう。上から森全体を見渡すからこそ、戦略的な視点で判断ができるのである。

ストレスをためないためには、まずは体調を整えて仕事に臨むことが、きわめて重要だ。それは、気力が充実していることも意味するからだ。

どんなに忙しくても仕事は就業時間中に片づけ、一日八時間しっかり眠る。年に最低一度は一カ月以上の長期休暇をとり、心身のリフレッシュを図る。こうして毎日頭がクリアで気力が充実していれば、難しい仕事を前にすると、プレッシャーどころか逆にファイトが湧いてくるはずなのだ。

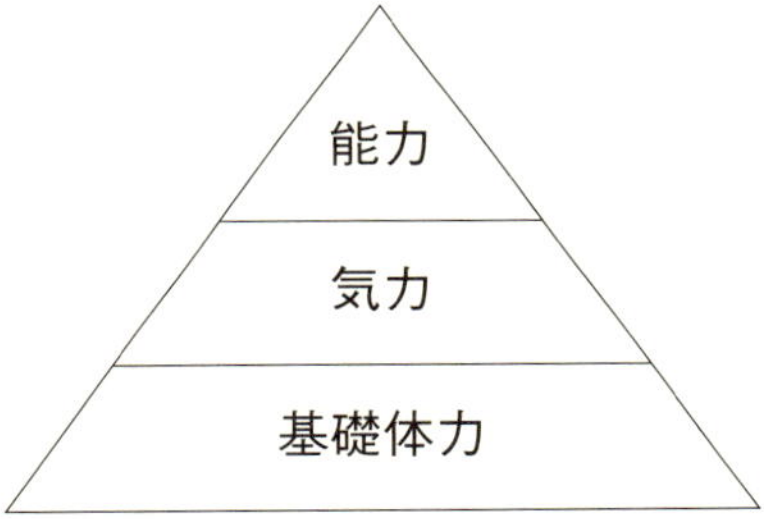

土台が大きいほど、大きな三角形ができる

最近は欧米の影響なのか、日本でもからだを鍛えるエグゼクティブが増えている。退職後に私が通っているジムの会員でも、経営者なのだろう、昼間から運動している若い人を多く見かける。

自分も現役の時にもう少し時間がとれていたならと、いまさらのように思う。

仕事で能力を発揮するには、よしやるぞという気力がみなぎっていなければならないが、その気力の源泉は、じゅうぶんな基礎体力にある。

基礎体力の上に気力、その上に能力という、私がよく描いてみせる三角形がある。基礎体力がその人の仕事のキャパを決めてしまうのである。

ジムで基礎体力を鍛え、この三角形の底辺が広がれば、頂点にある能力も大きくなるので、余裕をもって仕事ができるようになる——というのが、まさに欧米のエグゼクティブの考え方だといっていいだろう。

ところが、日本だと、単に体力を奪うことになる長時間労働やハードワークに耐えられるようにするというのが、からだを鍛えるモチベーションとなっている人が多いようだ。

これは明らかに間違っている。

ホワイトカラーというのは知的労働者であって、肉体労働の仕事とは違うのだ。その昔、宣伝にあった「二四時間戦えますか」というフレーズにもあったように、寝不足でもがんばれるから、社長としていい仕事ができるわけではないのである。

いかに体力を維持し、能力をじゅうぶん発揮できるようにしておくことができるかが、社長としての第一条件である。

第４章――吉越流　社長のルール

37. 社長とは、「決めてあげる」者

気の合う仲間何人かで居酒屋に繰り出すとしよう。その場合、それがどんなグループでも、たいてい暗黙の了解で私が注文その他を仕切ることになる。それが一番スムーズにいくと、みんな知っているからだ。

座ったらまずは飲み物を決める。これは全員ビールで問題なし。

頃合いを見て次は何を飲むか、一応みんなの意見を聞く。ここで日本酒、焼酎、ワインなどいろいろな声が挙がるようなら、頃合いを見計らって「よし、焼酎でいこう、芋でいいかな」と、私が半ば強引に決めてしまう。

ここで大事なのは、「こういうケースには正解がないということを知っていること」だ。

芋よりも麦のほうがクセがなくていいのではないか……いや、女性もいるからここはワインだろう……何を選んでもそれなりに理由はつけられる。けれども、論理的に考えても「これしかない」という最適解はないのだ。

仮に、各人が好きなものを頼むことになったとしよう。そうすると、AさんとBさんは

日本酒の熱燗、Cさんは冷やで銘柄は○○、Dさんはハウスワインの白、というようになってしまうと注文に手間がかかるし、それにもまして費用も割高になる。いいお酒を堪能するのが会の目的なら話は別だが、旧交を温めたり、久々の会話を楽しんだりするために、それも男だけが四、五人で集まったのだとしたら、最初から誰も飲み物にそれほどこだわってはいない。乱暴な言い方をすれば、アルコールなら何でもいいのだ。

飲み物の選択ごときに貴重な時間を使うのは、損なのである。

だから、芋焼酎だけは絶対に飲みたくない、臭いもかぎたくないという人がいないかぎり、手ごろな芋焼酎をボトルで入れてしまえばいいのだ。

社長の仕事も、この居酒屋の飲み物選びと大差はない。

個として自立できている担当者が各々の判断と責任で、自主的に仕事に取り組んでいくという理想的な会社は、残念ながら日本には少ない。ほとんどの会社では、毎日のデイリーワークに忙しくしているのを別にすれば、何をしなさいという指示が別途下りてくるのを待って、社員は動き出す。

だから社長がやらなければならないのは、それを決めてあげることなのである。それも、早ければ早いほど、そして部下に余裕があるようであれば、矢継ぎ早のほうがいい。

いくら時間をかけて考えたところで、絶対的な正解などないのである。そして、社長が決められない間、社員はただ無駄な動きをしているだけ。そんな会社に勝機があるはずがないだろう。

それよりも、六割の確かさが見えたら、社長はすかさずゴーサインを出す。それで、あとは担当者が仕事をして、結果が出て一段落したら、さらに次の着地点に向け進むのだ。毎回、担当者としての進め方を確かめ、それを参考にしながら、「右だ」「左だ」「戻れ」と、社長が一緒になるような感覚で、その都度判断してあげればいいのだ。実際に仕事をする担当者の実力によって、その着地点までの遠さを調整することも必要だ。格好は決して良くはないが、それこそが、確率が格段に高まる〝勝てる進め方〟なのだ。

また、社内のスピードアップを図るためには、細かいことでもどんどんマニュアル化してしまうことだ。製造業のＱＣ活動というい い例が日本にはあるではないか。決まり事に従ってものごとを進めさせたら、おそらく日本人が世界で一番だ。そういう長所はどんどん活かしていったほうがいいのである。

そして、やるなら徹底してやること。会社の中にはマニュアル化できるようなことが案外たくさんある。そういうものを片っ端からマニュアル化してしまうのだ。

マニュアル化できるものはないか探すためにも、社長はまめに現場に顔を出したほうがいい。なんで社長がこんな細かいところまで口を出すのだといわれようが、徹底すればするほど仕事のスピードが上がるのは確かなのだから、遠慮などしている場合ではない。社長は「execute＝実行する人」なのである。むしろ、細かいことでもいったん決まってマニュアルに明記されてしまえば、今までバラバラだったことも統一され、スムーズに流れるようになる。こういったところでも、会社は徹底度でそのレベルが決まるのだ。

ただし、一度マニュアルをつくったからといってそれで終わりではない。マニュアルは必要に応じてアップデートしていく必要がある。それをしないと、組織には前例踏襲主義がはびこり、マニュアルに書いてあることが現実と乖離しても、誰も疑問をもたずひたすらそれを繰り返すだけの非生産的な組織に堕ちてしまうからだ。

放っておかれたマニュアルに基づいて仕事をしていると、大体いつの日か必ず大きな問題が起きることになる。マニュアルは常に見直し、どんな些細なことでも内容をアップデートしていかないといけない。

手間暇は掛かるが、前もって徹底した手を打つことが組織では重要で、それによって未然に大きな問題を避けることができる。大島の災害を思いだして欲しい。

38. 社長は、悲観的になってはいけない

グローバル化やインターネットなどの影響で、激しい競争とめまぐるしい市場環境の変化にさらされるようになった現代の会社経営は、「前任者と同じことをやっていればなんとかなった」高度経済成長期に比べたら、はるかに難しくなっている。

しかし、どんなに道が険しくても、成長する方向に会社を導いていくのが社長の役目だ。そんなことは社長を引き受ける前からわかっていなければならないし、「場合によっては難しいかも」なんていう人はそもそも社長を引き受けないほうがいい。

とにかく、社長というのは、どんな難しい与件があろうとも、結果を出すことを期待されているのだから、どんな場合も、絶対に弱気になってはならないのだ。弱気は諦めに通じる。四六時中仕事のことが頭に浮かんだり、毎晩夜中に目が覚めたりしたって、それとは別に、「絶対やれる」という強い信念が必要になる。

それに、社長の一挙手一投足を、社員は常に凝視しているものだ。

社長が自信を失えば、それはすぐさま会社全体に伝わってしまう。もし戦争の前線で隊長が「この戦いはどうも勝てそうにない」とあきらめの気持ちを一瞬でももったなら、それはたちまち隊員に伝播する。そして部隊全体の士気が下がり、ついには全滅してしまうのだ。だからこそ軍隊の訓練はやたら厳しいのであって、それはどんな状況に陥っても、絶対に諦めない強い気持ちをもち続けることができるようにするためだ。会社もまったく同じで、トップが弱気になったら最後、勝てる戦いにも勝てなくなってしまう。

でも、ただの呑気でも単細胞の楽観主義でもいけない、心配はいくらでもしろと書いているのに、「悲観的になるな」とはどういうことか、と思われる人もいるだろう。

心配することと悲観することはまったく別である。心配は理由があって起こるものだから、前述のとおり「何が、なぜ、どのくらい心配なのか」をよく考え、心配の原因を潰していけばいいのである。徹底して対策をとれば、その心配事は無条件に消えてなくなる。

悲観というのは、漠然と、「うまくいかないのではないか」「この判断は間違っているのではないか」などと思い煩うことだ。わかっている心配のすべてに手を打った後は、今度は自然と楽観的になれるはずである。徹底度で結果が少しずつ違ってくるので、心配はすればするほどいい。

フランスの哲学者アランは、その著作『幸福論』にこう記している。

「悲観主義は気分に属し、楽観主義は意志に属す」

もともと人というのは気分のまま生きていると、どんどん悲観的になっていくものである。けれども、人間には意志の力が備わっている。その力を使って「何とかしてみせる」と信じ込むことができれば、どんな状況でも楽観的になることはできるのだ。

だが、本音ではうまくいく見込みもないと思っているのに、カラ元気を振り絞って将来が明るいようなふりをしてみても、それだけでは心から楽観的な気分にはなれないし、部下にも、「社長は、本当は不安なのに元気を装っているだけだ」と、すぐに見透かされてしまうだろう。

戦略というと大げさに聞こえるのだが、私がいう戦略とは、もっと簡単なもので、会社の将来を見据えて、進んでいくべき目標への進め方の枠組みとか方策といったもの。

そしてそれを現在に引き戻してみると、今の段階でやっておかないといけないことがわかってくる。そこで、その計画を練ることになるのだが、その段階でとにかく「この選択が裏目に出る可能性はないのか」「まさかこうはならないと思うが、万が一なってしまった場合はどうするか」というような心配が出てくるのは当たり前だ。そのような時の逃げ道であったり、引き返す可能性も考えておかないといけない。ただ、あまりにも細かいことで悲観的な仮定に基づいて心配ばかりしてしまうと、それは「計画の罠」とでもいうべきものにはまってしまい、いつまでたっても計画段階を終わらせることはできない。これは計画を練るときに、落ち込みやすい危険な罠だ。

だから、いつもいっているように、計画は骨組みができあがり、おおよそ六、七割が読めたと思ったら、実行に移るべきだ。あとは、実行に時間をかけ、いい結果を出すように徹底的に頑張るのだ。もちろん成功するまでである。

いざ実行段階となれば、担当者が直接かかわって進めていってくれるので、別途設定したデッドラインまでは腹をくくって楽観する。これが社長のあるべき姿だ。

だけれども、楽観主義を勘違いして、戦略、計画段階から「なんとかなるだろう」などと甘く考えるのは大間違い。これをすると、穴だらけの戦略、計画になってしまい、失敗する確率が高まるだけだ。骨組みだけは、しっかりとできていることをじゅうぶんに確認しておかないといけない。何度もいうが、社長である以上、知らなかったでは済まされないからだ。

39. 社長は、誰より現場主義であれ

では、カラ元気や甘い考えではなく、心底、楽観的になるには、どうするか。

方法はひとつしかない――自分を納得させることである。

そして、自分を納得させるには、それだけの根拠がいる。それは、「なるほど、そうやっていけば確かにできるはずだ」という、具体的な、誰にとっても説得力のある戦略だ。自分を納得させることのできる戦略は、他者にもきちんと説明できるし、説得できる。

そんな戦略はどのように生まれるのか。それも方法はひとつだ。

戦略を生み出すには、「現場」に出向き、「現物」に直接触れ、そこで繰り広げられている「現実」を直視する「三現主義」に徹することである。これができれば、進むべき方向は自ずと見えてくるし、見えてきた未来から現在に「引き戻して」考えることによって、いまやるべきことも明確になる。こうして生まれるのが、戦略だ。

「理論家で成功したヤツはいない」

私もおつきあいさせてもらっているエステーの会長、鈴木喬氏の著作にこのような言葉

があった。彼も私と同様、三現主義で、経営においてとりわけ現場感覚を重視する人なのだと思う。

現場感覚がない大学教授や評論家のような頭でっかちでは、経営はうまくいかないというのは、至極もっともである。三現主義の重要性を知ってこそ、その現場を毎日見ている部下に仕事も任せられるというものだ。現場の部下に仕事を任せられないという人は、三現主義の重要性をわかっていない人か、あるいは、それこそ三現主義の重要性を頭ではわかっていても、実際に現場をわかっていない人である。

40. 社長は、数字をからだで感じる

私がまだ平社員だったころ、社内資料があまりにたくさん出てくるものだから、数字には一応目を通すのだが、重要な数字の動きに気がつかないこともよくあった。すると、あとで必ず上司から、「ここがおかしい」とピンポイントで指摘され驚く、ということがままあった。どうしてひと目見ただけでおかしいとわかるのか、私には不思議でならなかったが、とにかく上司はすごいと、そのときは思っていた。

ところが、後に自分でも部下を持つようになると、いつの間にか同じようなことが、自分でもできるようになっていたのである。

私の場合、とくに数字の読み方を勉強したわけではないが、経験を積むにつれ、いつもと違うところがあると、勘が働き、勝手に反応するようになったのだ。

この感覚は、社長になってからもたいへん役に立った。現場から上がってくる数字に違和感を覚えるときは、たいてい現場が正常に機能していない。数字とは現場で起きていること、あるいは起きたことが数値化されたものだから、この数字に違和感があるということは、今すぐにでも手を打たないといけない場合が多いのである。

そして、数字を見てそれに気づくことができれば、早めに手を打つことができる。だから、社長は常に数字に敏感でなければならない。

会社にとって本当に大事なのは「全体最適」だが、ともすれば現場の社員たちは、自分たちの「部門最適」を最優先に考えてしまう。数字からそういう兆候を読み取り、修正を促していくのも、社長の役目だといっていいだろう。

一方で、当たり前のことかもしれないが、私は部門や個人に数字のノルマといわれるような無理な目標を課して、それを追いかけさせるようなことはやったことがない。

そういうことをやれば、社内では、なんとかノルマを達成しようと、たとえば期末に得意先へ商品を押し込むようなつじつま合わせが必ず横行する。しかし、その結果はといえば、翌期になると店頭在庫で残っていたものが返品され、大量の不良在庫の山だ。それが経営にとって望ましいことであるはずがない。

だから社長は、わずかな変化も見逃してはいけない。たとえば不正や失敗は、どんなに巧妙に隠そうとしても、必ずその痕跡が出てくるものだ。

また、重要な数字は一覧表にして、常に毎月報告が上がるようにしてもらっていた。目標数値を設定し、前年との比較もできるようにしてあった。その中で少しでもおかしいと思ったら部下を問いただし、もし会社に不利益を与えるようなことが発覚したら、すぐにその芽を摘む。

これは、社員を信用しないということではない。

たとえば、会議室に札束がたくさん積んであって、毎日誰かしらがこっそり持ち帰っているのに、何も問題になっていないとする。こんな状況では、じゃあ、自分もひと束もらっていこうかという気に、私だってならないとはかぎらない。

人間とは、そういう弱い生き物なのである。だから、社員を見るときは、性悪説ではなく「性弱説」に立って見るべきなのだ。だからこそ、効果的なチェック機能をつくり、そういったことを絶対に起こさせないようにするのも社長の役目なのだ。

では、どうしたら勘が働くようになるのか教えてほしいという人もいるかもしれないが、それはひとえに暗黙知の範疇のものであり、「経験を積むこと」としか答えようがない。「習育」の部分である。そして、そういう勘が働かないようでは、社長の資格はまだないといわれても仕方がないだろう。

41. 社長は、予算の組み方を見直せ

毎年の計画もそうだ。会社勤めの人と話していると、しばしば「無理な目標数値に苦しんでいる」というような話を聞くが、私にいわせれば、最初に現実と乖離した目標数値をつくって、その数字を達成するために現場があれこれ、その方策を工夫するなどというのは、本末転倒もいいところだ。その種の年度計画をよしとしている社長には申し訳ないが、そんなことには、はっきりいって意味がない。むしろ無理を重ねることになるので、

状況がむしろどんどん悪くなる一方だと思う。

本来、どのような計画であれ、状況や戦力を分析したうえで戦略を考え、計画を練って、そのうえでここまではできるはず、と会社が掲げる数字なのだから、戦略どおりやれば必ず達成できるはずの数字にすべきなのである。

常に確実に積み上げていくというのが正しいやり方で、逆に、そういう意味では、数字が達成できず、諦めるという選択肢は、基本的にないはずだ。

しかし、実際には達成できない企業が多くある。それはどういうことか。

もしも「今年は一〇〇だから、来年は二割増しの一二〇」とか、「今年は九〇だったけれど、来年は一二〇に挑戦しよう」というような、根拠のない、あるいは希望的観測を入れた数字の決め方をしているのなら、それは達成できるはずもないし、数字の決め方そのものを改めなければならない。

はじめから会社として無理のある計画をつくってしまえば、必然、社員はその計画の達成のために無理をする。その結果、会社にとって禍根を残すようなことになってしまうからである。

トリンプ・インターナショナル・ジャパンでも、本社から要求される極端なまでに細かい計画をつくっていくとなると、笑い話のような話だが、最後は生産枚数と売上をもっともらしく合わせ、整合性をとるために、価格の高いブラジャーの数量を減らして安いショーツを大量につくるような調整をして、つじつま合わせをしていたこともよくあった。それぞれの生産数量の前年比を見るととんでもないことになっているのだが、こんな計画では何の目的にも合わない。

大事なのはこういった細かい数字なのではなく、「五年、一〇年先に会社をここまで成長させる」というビジョンを描き、そこに到達するために必要な戦略を考え、それを実行することのほうだ。たとえば過剰在庫という問題があり、それをそのままにして売上数字だけをつくっても、近い将来、焼却処分し、大きな赤字を計上しなければいけなくなる可能性が大きいのなら、そんなことに意味はない。まず在庫を減らすのが先決であり、その計画を考えて実行し、結果を出さなければならない。

適正在庫を達成し、身軽に動けるようにしてから、売上を伸ばすためにできることを考え、実行に移す。本来ならこれが正しい順番だ。そうやって戦略的に考えて、計画の実行に取り組んでいけば、数字はあとからついてくるものだ。

とはいえ往々にして、売上を伸ばすのは適正在庫になるのを待ってから、などという悠長なことはいっていられない。普通はなんとか並行して行うようなことになるのだが、これには大変難しい舵取りが要求される。こういったときの在庫管理ほど難しいものはない。いったん在庫が膨れると、その修正には大変な労力を必要とする。

私のトリンプ・インターナショナル・ジャパンにおける一九年連続増収増益は、こうやって着実に達成したものであって、ただ数字を追いかけた結果ではない。

毎年、提出した計画に基づき、最終的に本社から承認され、必達しなくてはいけない売上と利益目標の数字はもちろんあったが、その数字はまったく気にはならなかった。

なぜなら、トリンプ・インターナショナル・ジャパンが本社に提出する計画は達成できる数値よりはるかに低めに出していたからだ。むしろ、その程度の数字は計画の年に入る前の年のうちに、達成しているのが普通だった。翌年の予算は年の半ばに決まるのだが、その年度が終わるときに改めて翌年の予算の見直しがなされるといったこともなかった。

だから、本社と合意する予算とは別に、トリンプ・ジャパン独自の高めの売上を入れたローカル・バジェットを別途設定していたのだが、売上と違い、経費は本社に提出したものとまったく同じになっていた。このローカル・バジェットは、より高い成長を狙うストレッチが目的なので、仮に数字が届かなくても、それを問題にはしなかったが、我々にとって重要なのはこちらの予算の方である。我々は常にこの数字を達成しようと最大限の努力を重ねた。

だいたい、ひとつの会社に予算が二つもあるなどということは、おかしいといわれるかもしれないが、必達しなければいけない予算の数字があまりに高く、年初から焦らないといけない状況に陥ると、まともな仕事はできなくなると私は考えている。

決算は年末だったが、毎年、本社からの目標数値はとうにクリアしている。私は最終日を待たず、「今年も売上は大丈夫だよね」と営業のトップに一言いって、クリスマス休暇を過ごすため早々と妻のフランスの実家に向かうというのが、毎年末に繰り返される恒例の光景だった。

42. 社長は、部下のやる気を見極めろ

計画といえば、ソフトバンクの孫正義氏が「事業計画を一〇〇〇パターン持ってこい」という名台詞をもつというのを読んだことがある。実際にやっているのだとすると驚愕す

るが、私はこういう指示の出し方はしない。

「現場を一番よく知っているお前が、ベストと考える計画をひとつつくってこい」

私だったら必ずこういう。それがどんな計画であっても、提案に関することはすべてそうだ。おそらく、一〇〇〇パターンつくらせても、その中で「自分はこれが正しいと思う」と自信をもっていえるのはきっとひとつだけで、あとの九九九は数合わせになってしまうはずだと思っているからだ。

それよりも、担当者を信頼し、彼のやり方で最高のひとつをつくらせたほうが、そのことに注力するだろうし、絶対にいいものとはいえなくとも、担当者としてはベストのものをつくってくるはずだ。また、出てきたものが彼の実力に見合ったものでもあるはずだ。

トリンプのオーナーであるギュンター・シュピースホーファーが部下の提案を聞くときのスタイルは、独特だった。いつもではないのだが、ときどき、ずっと目を閉じたままひと言もしゃべらないことがあるのだ。まさか寝ているのかな、と心配になると、突然「だったらやってみろ」といって、いきなりゴーサインを出したりする。

彼に直接確認したわけではないので、これは私の憶測だが、どうも彼は提案の内容ではなく、ひたすら部下のやる気や意気込みを見ていたように思える。「これだけ熱心に説明するのだから、この男は最後までやり切るに違いない。だったら任せてみるか……」部下の話を聞きながら、たぶんそんなことを感じとり、やらせるかどうかを考えていたのだろう。

部下に仕事を任せるときは、その本人のやる気のあるなしが、たしかに一番重要だ。それをわかって評価していたからだろう、オーナーに提案するときは、今でもよく覚えているが緊張したものだ。何せ、一度NOという答えが出されると、その後いくら掛け合っても、「それは以前答えた」と、二度と見直しをしてもらえないからだ。だから絶対に自信がない限り、私のほうから持ちだすことはしなかった。

一方、私の場合には、その担当者のレベルによるのだが、一度でオーケーを出さないこともよくあった。最初の提案には、いくつもの穴や抜けがあるのが普通なので、「これはどうなっている」「こういう場合はどうする」とそれを指摘し計画をやり直させる。それを何度か繰り返し、より完成度の高いものにしてもらうのである。

ここでやる気のある担当者を当てていれば、たび重なるダメ出しにも耐えることができるので、たとえ最初はレベルが低くても、結果的にその提案はよくなるのだ。

それには、一〇〇〇パターン持ってこいというより、現場のことがよくわかっている自分がやりやすい、自信のある一案をつくらせたほうがいいと思うのが私の考え方である。自分だったらこうするという、より良いやり方が私には見えていて、それを説明しても、担当者がわかってくれる場合とそうでない場合に分かれる。

わかってくれる場合はいいが、そうでない場合はゴリ押ししても、決してよい結果を生まないことも、頭に入れておかないといけない。その場合には、自分の経験を通して習ってもらうしかない。習育である。

43. 社長は、社員を家族と思うな

いろいろな求人欄を見ていると、「社員を大事にする家族的な会社です」といったコピーがけっこうあることに気がつく。

「家族的」というと素直に温かい雰囲気を感じてもらえるので、宣伝に使う表現としてはいいのだが、実際にそうあるべきなのだろうか——。

というのは、もし、「家族的」というのが本当にセールスポイントなら、私はその会社

の将来性にむしろ疑問を抱かずにはいられない。

それは、会社のありかたは、家族のありかたとは絶対に違うと思うからだ。

最大の違いは、目的の有無だ。家族というのは居住を共にし、寄り添い、助け合いながら生きていく、血縁を基礎とした一族であって、そこに共通の、皆で達成しようとする大きな目的はない。あっても、目的とはかけ離れた、もっと控えめな「家内安全で、皆元気で」といったものだろう。それが家族というものなのだから。

一方、会社には、利益を上げるという明確な目的がある。そして、社員というのは、その目的達成のために役に立つという前提で雇われたプロフェッショナルなのだ。これは社長も同じである。

だから、会社に入ったら、お互いをプロとして尊重し、能力を認め合い、協力しながら会社の利益のために働くという義務を負う。もしその義務が果たせなければ、ほかの人に迷惑をかけることになるので、本来ならその人は、その会社にいる資格がないのである。

会社というのは、むしろそういう厳しいところであって、家族のようにいたわり合ったり、傷をやさしく癒してくれたりするような集団とはわけが違うのだ。

オリンピックに出るチームも、お互いを家族などとはいわないはずだ。プロ根性に秀でた、選りすぐられた選手でできているチームだからだ。そのチームワークにおいては、誰にも負けないのだろうが、それを家族とはいわないはずだ。

この区別をきちんとせず、ただ家族的などといっていたら、会社の目的がぶれてしまう。居心地のよさを優先して、利益追求を二の次にしている会社が生き残れるほど、マーケットは甘くない。

ちなみにそれでも、私は会社にはやはりGNNがあるべきだといっている。私の本を読んだことがある人にはおなじみ、義理・人情・浪花節である。まずはプロとしての厳しさがあったうえでのGNNなら、相反するものではないはずだ。

それに、会社が満足な利益を上げられなければ、社員にもじゅうぶんな給料を支払うことができないから、その社員の本当の家族の生活だって支えられなくなってしまう。経営者の中には、社員から「オヤジ」と呼ばれていた、という方もしばしば見られるが、それは単に「それだけ親しみをもたれるキャラクターだった」ということの表れであって、「だからいい社長」ということとイコールではないはずだ。

〝work for life.〟が成り立つためには、必要じゅうぶんなお金を稼ぐworkが機能していなければならないのである。

ちなみに私にとっては、社員は家族ではない。前にも書いたが、同じ釜の飯を食べる戦友なのである。

そういう認識で、まずは一人ひとりが与えられた役割を必死で果たし、その上で力を合わせ助けあって、幾多の厳しい戦いを勝ち抜いてきた。だからこそ、いま彼らや彼女たちと会うと、昔話に花が咲き、心から笑い合える。

戦友というのは、本当にいいものである。

44. 社長は、ときに強権を発動せよ

社長が考えなければならないのは、どうすれば会社の売上を伸ばし、利益を拡大できるかということだけだ。そろそろ耳にタコだろう。それでいいのだ。

――ところが、そう思って社内を見渡すと、その目的に合わない、あるいは方向性はいいのだがちょっとずれている、そんなものがずいぶんあることに気づくはずだ。

理解して頭に留めておくことと、実際にその方針で行動していくこととは、天と地ほど

の差がある。「当たり前だ」と思っても、実際できていないことは、たくさんある。

社内で「利益拡大という目的に合っていないもの」を見つけたら、それがどんな些細なことでも見過ごしてはいけない。それらを一つひとつ改めていくのだ。そうすることで、間違いなく会社は少しずつ強く、たくましくなっていく。いつもの徹底度の話である。

たとえ小さなことであっても、変えるためには並々ならぬ、想像以上の覚悟とエネルギーが必要になる。それは、どんな小さな改革であっても、それを快く思わない、あるいはより正確には、正しいと思わない人たちが、社員の中には必ず一定数いるからである。

会社が成長し売上や利益が伸びるのは、社員にとっても悪いことであるはずがないし、誰だってそれを望んでいる。だが、そのために自分にとって都合のいいそれまでのやり方を変えなければならなかったり、自分の所属する部門が不利益を被ったりするとなると話は別、となるわけだ。

全体最適よりも、自分が直接かかわる部分の最適のほうが大事だと考える社員のほうが、その比率はどこの会社でも圧倒的に多いのである。

たとえば、かつてはかなりの利益を出していたが、いまでは赤字続きで、将来性がかけらも感じられない事業があったとしよう。誰の目にも撤退したほうがいいのは明らか、という事業だ。

しかし、その事業を立ち上げた功労者が役員にいたりすると、役員会で彼が撤退に反対する可能性はきわめて高い。それに、現在その事業に就いている人たちも、別の部署で慣れない仕事をやるより、いまの仕事を続けたいだろうから、当然反対に回るだろう。

こうして一大抵抗勢力が社内に生まれたら、そう簡単に撤退はできなくなる。


私自身も、トリンプ・インターナショナル・ジャパンで早朝会議、ノー残業デーや課長以上最低二週間連続休暇取得などを導入しようとしたときには、毎回、反対する社員たちからそれは強烈な反発をくらった。今なら当たり前と思われる連続休暇についてでさえ、「それなら、休むための特別手当を払え」とさえいわれたのを覚えている。

そういうときはどうすればいいのだろうか。答えはひとつしかない。強権発動だ。

「ががたいうな、いいから俺のいうとおりにしろ」

これでいいのである。

もちろん、社長のそういう態度が火に油を注ぐことになって、社内から激しい非難や怨《えん》嗟《さ》の声が上がり、その矢面に立つことは覚悟しなければならない。

また、強権発動の前に、そうすべき理由と判断を、当事者となる人たちに対してじゅうぶんなデータを示し、論理的に説明することももちろん必要だ。

しかし、それでも理解が得られないなら、最終的には「いいからやれ」しかないのである。そして、いっているだけでは足らない。実行にまで入り込み、ちゃんと正しく機能し始めるまで徹底して追いかけていかないといけない。

よく考えてみてほしい。社長の考えが正しければ、それは必ずコストダウンや売上増といった結果として表れてくる。そうすれば、反対していた人も、その改革を受け入れざるを得なくなる。だから、どんなに反対されようが、社長として正しいことをやっているという確信があるのなら、恐れていてはいけないのだ。

だから、社長は巧みな言葉よりも、とにかく結果であり、実績が武器である。

たしかに私が「豆腐の角に頭をぶつけて死んじまえ」と一喝するとみな仕方ないという顔をしていたが、私が部下を動かしたのはその言葉によってではない。あくまでも、実行力と結果で、「なるほど、社長のいうとおりにすれば間違いないんだ」ということをわかってもらっていたからである。

そういったことができる自信がないというなら、少しおかしいと思ったこともそのままにしておくよりほかないだろう。ただし、おかしいことは決して何年も続かない。東京電力や日本航空のように、いずれどこかで問題を起こすか、破たんする。

その前に、いろんな形で、中には部下が雇った経営コンサルタントなどを通して、それとなく改革を促されることも多い。こういった場合でも、会社はトップダウンで動くものだから、多くの場合は改革が遅々として進まない。だからといって社長の器ではないとみなされていても、その座を追われることもなく、社長の立場にとどまっていることが日本では圧倒的に多い。

全体最適のためにからだを張れない社長なら、早く辞めてほしいものだと部下に常々思われていても、そういった社長に限って、社長に対する普遍的な敬意を、自分に対する敬意と勘違いしてしまっている。

45. 社長は、駆け引きをしない

全体最適を考え、正しいと思う方向に会社を進ませるのに、駆け引きは必要ない。

じゅうぶん論理的に説明を加えた上で、最終的には「いいからやれ」の強権発動、これで終わりだ。社長にはその権利が与えられているのだから、目的が私利私欲ではなく、「これは会社のためだ」と胸を張っていえるなら、遠慮なく行使すればいいのである。

しかしここで注意したいのは、功を焦ってはならないこと。少しでも状況が変わったら、変なプライドや、「計画の変更は社長の沽券《こけん》にかかわる」などという考えは捨て、潔くそれを認めて訂正し、正しい方向に進むことだ。社長である以上、何の状況の変化もない中でその判断がブレてはいけないが、共有化した情報に変化があれば、素直に判断を変えればよい。「君子は豹変す」である。

私はそれを誤魔化すために、「豹変し続けていれば、いつの日か君子になれるかもしれない」と、よくいっていたのを思い出す。何度もいっていたので笑う者もなかったし、それを聞くと、部下はすぐに諦めたように思う。

とにかく、その判断が早ければ早いほど、会社が受けるダメージも最小限ですむ。全体最適にのっとれば当然の判断である。

それに、たとえ正しくなかったとしても、一歩踏み出したことによっていろいろなものが見えたはずだから、それを生かして、より正しい方向に進めば、成功の確度が確実に上がるのだ。そして、最後に成功するまで、絶対に諦めてはいけない。「成功するまでやれば成功する」と、これも社内で私は常にいってきた。

かくいう私だって、すべての試みがうまくいったわけではない。

途中での細かい失敗は数限りなくしている。威張れることではないが、それを何とか成功するまで粘って追い掛け回しているうちに、一九年連続増収増益を達成することができた。要するに、諦めた時点で失敗となるのだ。

なんといっても、説得力があるのは実績である。ちゃんと結果を出していれば、そのうち「社長はうるさいけど、信用できる」と、社員のほうで勝手に思って、ついてきてくれるようになるものだ。

とくに社長に就任してまだ日が浅く、結果が出ていないうちは、社員も社長の実力に対し疑心暗鬼なので、どうしても協力より反発が先に立ってしまう。

そういうときは、いきなり大きな目標を掲げるのではなく、改革の方向を示しつつ、とりあえずの到達目標をぐっと下げるのだ。さらに、目標と方法に合意したら、目標までの主導権は社員に与えるのである。

すると、たとえ不本意であっても、目標がクリアできれば達成感を味わえるから、社員としても悪い気はしない。そして、社長がいっていたのはこういうことだったのかという実感ももつことができるのだ。そのうえで、次の到達目標を目指し進んでいけばいい。

さらにいうと、実はこの効果がとても大きいのだが、当事者となった社員には「これは自分がやったのだ」という意識が芽生える。これが「オーナーシップ」といわれるものである。日本語でいえば「当事者意識」だ。

やらされているのではない、自分たちでやっているのだと思いはじめると、今度は低いレベルでは自分自身が満足できなくなってくる。こうなると、社長ががみがみいわなくても、改革は自然と前に進んでいくのである。

トリンプ・インターナショナル・ジャパン時代の昔の仲間が集まると、「アモスタイルをつくったのは俺だ」という声があちこちから挙がる。思わず、笑いが起きるのだが、それだけみんなオーナーシップをもって取り組んでくれていたのだから、アモスタイルが成功しないはずがなかった。

46. 社長は、部下のオーナーシップを育てろ

私は、社員のオーナーシップというのを非常に大事だと思っている。

社長が一人、孤軍奮闘しなくたって、社員一人ひとりが、自分の担当するプロジェクトにオーナーシップをもってくれさえすれば、物事は自然とうまくいく。だから、これを各自がもってくれるようになれば、社長の仕事は大変楽になるというものだ。オーナーシップをもつ責任感の強い部下にどんどん仕事を任せればいい。そういったいいサイクルに入るよう、社長は意図していかないといけない。

いくらでもやることがあって忙しいのが社長なのだから、部下が自らオーナーシップをもって物事にあたっていくように、責任と権限を与えない手はないと思うのだが、どうだろうか。そういったことから、オーナーシップを重視する私は、ブレインストーミングという仕事の手法を試したことはなかった。なぜだかおわかりだろうか。

ブレインストーミング、世にいう「ブレスト」というのは、複数の人が集まって、ある議題について思っていることや意見を言い合い、いろいろなアイデアを集めることを目的

として行われているものだ。

しかし、本来なら、その議題に関しての担当者が社内にいて、その担当者が当然自分で考えるのが当たり前なのである。そこに、あまり関係のない部署のものが、忙しいのに呼び出され、詳しいこともわからないままに、勝手な意見を自由に述べるというブレインストーミングに何の意味があるのだろうか。

結局はブレインストーミングの名のもとに、無責任な意見ばかりが飛び交うことになり、時間ばかりかかってお粗末なアイデアの山しか導き出せないのが関の山だ。しかも、中にはお偉いさんの意見もあり、どこかに生かさないといけないことになったりして、ますますややこしいことになる。

それよりも、問題を解決するには、

「この問題はお前が担当だ。解決策をまとめて三日後の会議で発表しろ」

と、社長や上司が「担当者」と「デッドライン」を決め、任せればいいのである。

また、解決策が出てきたら、その詰めの甘いところを徹底追求してより完成度の高いものにして、あとは任せ、口を出さないのが重要だ。報連相はいけない。これも、頭でわかっていても実行するのはけっこう難しいので注意が必要だ。

あとは、次の完了報告のデッドラインの日を待つのである。部下は自分で色々と試行錯誤しながらも、なんとか仕上げてくるものだ。

細かいやり方にまでいちいち口を出されていたら、任せられたほうには当然オーナーシップが生まれない。上司から途中で具体的なやり方にまで口を出され、執拗に報連相を求められたら……。あなたも、自分が部下だったころのことを思い出してみれば、きっと心当たりがあることと思う。

47. 社長は、悪人でも務まる

社長に向いているというのは、どういう人のことをいうのだろうか。

仏様のような人格者、社員の心がわかる人情家、品性や品格の備わった人物、器の大きい人……アンケートをとったら、このあたりはすぐに挙がってきそうなところだ。

ちなみに、学校法人産業能率大学の調査によれば、二〇一三年度の新入社員が選んだ「理想の上司」は、男性の第一位がイチロー、女性の第一位が天海祐希ということである。

多くの人が社長に求めるキャラクターは、こんな感じなのかもしれない。

だが、私は、社長の適性と人間性や性格は、あまり関係がないと思っている。人格者だからいい経営ができるわけではないし、人情家だから会社を成長させられるということもないのだ。売上を伸ばし利益を上げるのが、社長に課せられた使命である以上、どんな人格者であってもこの使命を果たせなければ、ダメ経営者のそしりは免れない。

反対に、横暴で意地悪といわれるような人間でも、正当な方法で会社の業績を伸ばし続けているなら、良し悪しは別として、その人は間違いなく社長に向いているのである。


それほど変化の激しくない業界で、すでに確固たる地位を築いている会社の社長を選ぶとなると、利益拡大のための強烈なリーダーシップよりも、人当たりがよく誰からも好かれ、敵をつくらないという調整型の性格が重視されてもおかしくはない。しかし、そういった社長が何代も続くと、今度は会社の成長が鈍り、存続の問題にかかわってきてしまうので難しいところだ。

実際には、社長経験者同士でゴルフに行くと、中にはキャディーさんに対して、こちらが眉をひそめるような横柄な態度を平気でとる人もいたりする。

が、そういう人にかぎって現役時代は名経営者と呼ばれ、何冊も本を書いていたりするのだ。人格と経営手腕の因果関係などないといってもいい。

とはいえ、いくら業績を上げていても、人としてつきあうのはどうかと思われるほどの性格の持ち主では、人がかなりの勢いで離れていくのは間違いない。

万が一、いかに能力的に優秀な人が会社に残ってくれたとしても、結局は、社長本人の意図に反して、「指示待ち人間」を育てることになってしまう。そうなると、習育の機会に恵まれない部下の中から、次の社長を選ぶことになるので、交代するのに苦労することになる。こういった社長には、社外から人を連れてくるか、ひたすら自ら社長を続けていく以外、残された方法はない。

48. 社長は、妻同伴で食事に行け

社長になると、トップどうしのつきあいというのも当然必要になってくる。得意先の社長と懇意にしていることで、あまり表立ってではないものの、たとえば相手の会社が小売業であれば、改装の際の場所決めの際などにライバル企業より、より良い条件がもらえる

といったことは、ビジネスにはよくあるし、それは決してルール違反の話ではない。

なんとなく会社社長や役員などといえばゴルフをやっているようなイメージがあるから か、若い人からしばしば「やっぱりゴルフは練習しておいたほうがいいですか」などと聞 かれることがある。たしかに社長の中には、ゴルフ好きな人もいる。

だが、社長に関していえば、つきあいだからといってしょっちゅう平日に会社を抜け出 し、ゴルフ場に向かうのはいかがなものだろう。たしかに一日一緒にいれば親密度も増す し、仕事の話も少しはできるのでメリットがないとはいわない。

しかし、効率からいったら、丸一日会社でみっちり働いたほうが、ゴルフ場にいるより 何倍も仕事ができる。そういう計算をすれば、当然ゴルフにお誘いする相手によるという 判断ができるはずだ。

百貨店の社長さんは大体水曜に休みをとっているので、平日にゴルフをすることになる のだが、ゴルフにお誘いしたら自社の営業が喜ぶような方といきたいものである。

それにお客様とゴルフをする、しないはこちらサイドが決めることではなく、相手の社 長さんの考え方に合わせ、満足していただけるように判断し、動けばいいことだ。

逆に私がお客様の立場にあるなら、社長がしょっちゅう平日の昼間からゴルフ場にいるサプライヤーより、社長が脇目も振らず仕事に打ち込んでいる会社のほうがそれなりの業績も残しているだろうし、製品もサービスも良いだろうと思うはずだ。

そういった仕事に対する態度が真摯なサプライヤーの工場に私がお邪魔する際に、できたら工場には金曜に来るように頼まれ、その上で土曜のゴルフに誘われたら、それだけの価値を私に見つけてくれたと考え、そういった方とゴルフをすることに嬉しさを感じるはずである。

若い人だって同じで、営業職であるならば、お客様と親しくなるためにゴルフの練習をしておくことは、むしろそれは当たり前だと思う。お得意さんの中にはゴルフが好きな部長さんも課長さんもいらっしゃるからだ。

こちらがゴルフに一切お誘いせず、お得意さんが競合相手ばかりとゴルフをしていると、どういった結果になるかわかるというものだ。

では、個人的に人間関係を築くなら、ゴルフのほかにどんな手が有効なのか。

やはり、無難なのは食事を共にすることだ。私は、この人と知り合いになりたいと思ったら、まず食事に誘うようにしている。それも、「お互い妻同伴」を条件にしていた。

私がこういうと、びっくりする人が多い。日本には、仕事は男の世界、奥さんは家で帰りを待っているのが当たり前という常識が、まだかなり根強く残っているからだ。

しかし、食事をするのはプライベートな時間なのだから、奥さんを連れてくるほうが、むしろ自然なのではないだろうか。

それに、日本の男性は自分からそういうことをめったにしないので、私がこういって無理やり奥さんを連れ出してもらうと、当の奥さんからは必ず、とても感謝される。奥さんだって、いつも家にばかりいるより、たまには外に出て美味しいものを食べたいと思っているのだ。

「あなたとこんな場所のレストランで食事をしたのは何年ぶりかしら」と、代官山のイタリアンレストランを出たところで、百貨店社長のご主人に奥様がおっしゃっていたのを昨日のことのように思い出す。

だから、結果的にダンナさんの株も、私の好感度も上がるのである。

敬遠せずに、一度やってみてはどうだろうか。

第5章――これから社長になる人へ

49. 社長とは、優等生では務まらない役職である

「バランス感覚がいいですね」

もしそういわれて喜んでいるようなら、あなたは社長に向いていない。人当たりもよくて、明るいし、趣味も多く、いいスピーチもできれば、流行のドラマにも詳しい……バランス感覚がある人は、むやみに敵をつくらないし、友人も多く、部下からも好かれるだろう。

だが、それが社長にとって必要なことなのかといわれれば、そんなことはない。むしろ、バランスをとることの優先順位を高くしてしまうと、社長として本当にやらなければならないことがブレてしまう可能性も出てくる。長くGEの社長を務めたジャック・ウェルチのいうEdge（厳しさ）が欠けてしまうかもしれないからだ。

だから私は、社長をやっている人から「私はバランス感覚を重視して経営しています」

というような話を聞かされると、「それであなたの会社は大丈夫なのですか」という言葉が、つい口をついて出てきそうになるのだ。

組織のトップに立つ人間にとって一番大事なことは何かといったら、それは強烈なリーダーシップにほかならない。

社長というのは、会社という大きな組織を任されたリーダーだ。そして会社は、売上を伸ばし、利益を上げ続ける、という目的のために存在している。

つまり、社長はその目的達成のためにリーダーシップを発揮しなければならないのだ。

もちろん、いろいろなことのバランスをとりながらリーダーシップを発揮できるなら、それに越したことはない。できる人はぜひやってほしい。

しかし、大事なのはあくまで売上であり、利益なのである。バランスを重視した結果、会社の業績や成長が損なわれたら、それこそ本末転倒である。それならむしろ最初から、バランスなど頭にないほうがいいくらいだと私は思う。

実際、成功を収めている社長で、初めからバランスを重視してきたというような人に、私は会ったことがない。どちらかといえば人間的にも、完全な円というより、かなりいびつでゴツゴツしたタイプのほうが多い気がする。

全方面でバランスよく高得点を出せる優等生タイプの人で、圧倒的な業績を出した社長という組み合わせは、私の知る限りでは、いない。

会社を経営し、毎年売上を伸ばすというのは、決して簡単なことではない。社員から反対されても、「いいからやれ」とトップダウンで強引にことを進めなければならないときもある。みんなの合意を得てからやろうなどと悠長なことをいっていたら、とてもじゃないが市場の生存競争には勝てない。

結果をもって、「この社長についていけば間違いない、次もいうことを聞こう」と部下が自らフォロワーシップを発揮するようになれば、バランスなど二の次になる。そうでなくとも、チームとして上手く回っていくようになるからだ。

それでもバランス感覚重視が自分の信念だというなら、それを貫けばいいだろう。それで会社を成長させ続けることができるのなら、その人はアップルの故スティーブ・ジョブズ氏やユニクロの柳井正氏を越える名経営者になれるかもしれない。

そういった厳しい時期を乗り越え、功成り名遂げてカリスマ的存在になった名経営者になると、その結果として、顔が円満になってくる。そういった立場になるとフォロワーも多く、強引に物事を進める必要もなくなるからだろう。いまの稲盛和夫氏の写真を見ると、強くそう感じる。

50. 社長は、バカにされたくなければ頭を下げろ

たとえ業績が悪くても、社員というのは、いま自分たちがやっているやり方にあまり疑問をもたないものだ。そして、自分に与えられた分野でがんばっていれば、そのうち状況はよくなると、根拠もなく信じている。だから社長は、まず現状をきちんと分析し、非効率や不合理なところをきちんと指摘できなければならない。

さらに、「そのやり方はもう賞味期限が切れている、これからはこういった考え方でいくべき」と、現在よりも進化した形を示し、躊躇する社員の尻を蹴りあげるのも社長の仕事だ。

注意しておくが、部長に「新しい考え方に基づいたやり方を部下に示せ」と指示するのではない。まずは部長に新しいやり方が必要であることを理解させ、考えてもらい、彼なりの新しいやり方を提出してもらうのだ。

それを叩きなおしたうえで、部長から新しいやり方を部下に対し示してもらい、さらにはそのやり方が定着するまで何度でも社長自らがチェックを入れていくのである。

会社を成長させるというのは、結局これの繰り返しだ。

社員がついてきてくれないと嘆く社長は、社員にがんばれと声をかけたり、鼻先にニンジンをぶら下げたりするだけで、「具体的に新しいアプローチの仕方を提示し、徹底して追いかける」ということをやっていないのだ。業績低迷の原因がそのままでは、いくら社員のやる気を鼓舞したところで、ジリ貧は免れない。

社長が最後の最後まで追いかけ、徹底することをしなければ、部下は部下で、社長のいうとおりに一応やってみたけれど、全然売上が伸びなかったといったことを繰り返すだけだ。社員は、この社長は信用できないと思うから、社長が何をいっても耳を貸さなくなるのは不思議でもなんでもない。

では、現在の先を行くやり方は、どうやって発見すればいいのだろうか。

それを知りたければ、まず現場に行く。生産や販売の現場に足を運び、そこで社員や顧客の声を聞くのである。現場、現物、現実に徹底的にこだわる。

それでもどうしたらいいか見えてこないというなら、それはまだ徹底度が足りないということだ。現場のことがわからなければ、わかるようになるまでそこにいればいい。そこで働く社員に頭を下げて、徹底的に質問してわかるまで教えてもらったらいい。それは何ら恥ずかしいことではない。

現場から出てきた「現場の先をいくやり方」であってこそ、価値のあるものなのだ。だがそれは、現場にいる人にも見えにくいものであるため、別の角度から見られる人が必要なのだ。

どのような社長が社員からバカにされるかといえば、それは「現場のことを何もわかっていないのに、口だけ偉そうな社長」である。

社長だけでなくほかの経営陣だって同じだが、現場感覚がなく、的外れなことをいったり、たいして効果が上がらないような指示しか出せない社長ほど、社員からは確実にバカにされる。社長を目指している人は、今からわからない、おかしいと思うことについてはどんどん質問することを学んだほうがいい。無駄なプライドを捨てることは、現場感覚を身につけようとする人にとって重要なことだ。

ただし、いくら現場の声を聞くといっても、たとえば上がってくる要望をすべて聞いたりしていたら、身動きが取れなくなってしまう。だから徹底的に話を聞いたうえで、「進む方向はこっち」「やるべきことはこれ」と決めていくのである。

前の会社でも、こういった商品が欲しいという声はそれこそ山ほど上がってきた。でも、要望に答えられるのは、その中でもほんのわずか。だから、そういった要望に対し、YES・NOをハッキリ答えてあげることの方が重要だと思っていた。最後は、気持ちの問題になるのだから。

きちんと話を聞いたうえでどんどん判断する。こうして結果が出てくるようになれば、その社長は間違いなく社員に評価されるようになる。

51. 社長は、社葬で「死んだら終わり」といわれてはいけない

社長になると、どんなに神経の太い人でも、一日中、仕事のことが頭から離れなくなる。社長というポジションはそれだけ責任が重いので当然だ。プレッシャーも並大抵のものではなく、社員だったときとは別次元の重圧を背負うことになる。ただそれも、押しつぶされるように感じるようになったら終わりだ。

そのストレスをそのままにしていれば、当然いろいろなところに健康上のひずみが出てくるのは避けられない。

だから何においても、社長になったら注意すべき一番は自分の健康の管理だ。

厚生労働省の調査によれば、二〇一二年の日本人の平均寿命は男性が七九・九四歳、女性が八六・四一歳だが、その昔、証券会社の支店長経験者になるとなんと六〇代前半だと聞いたことがある。単純に激務だということなのだろう。

では、社長という職はどうかといえば、本来のＣＥＯ的な働き方をする社長であれば、やはり大変な激務であることはいうまでもない。朝から晩まで必死になって判断を下していくのである。私が六〇歳で会社を辞め、それ以降、どこの会社でも働かなかった最大の理由はそこにある。白髪が急に増え、夕方になるともう頭が回らないと如実に感じるようになってきたからだ。

私がよく知っていた社長さんでも、現役で働いているうちに、病気で亡くなる方が何人もいた。そういった人に限って優秀で、業績を上げていたのだから、残念な限りだ。

社長業に「のめり込む」、あるいは「のまれてしまう」と、際限がなくなり、心身共に疲弊してしまうことの証左といえよう。

会社のために尽くして死ねるなら本望だという人は、それでもいいだろう。しかし、いくら名経営者と呼ばれ、亡くなったときにはその時の首相が駆けつけて来るような盛大な社葬なりお別れ会が営まれたとしても、短命に終わった人だと会場のあちこちから「人間、死んだら終わりだよな」という声が聞こえてくるもの。

残された家族にしても、そういうご主人、あるいは父親の人生に納得しているとはとても思えない。

こんな葬式に出るのは、できれば避けたいところだ。

社長といえども見方を変えれば、単なる役職のひとつである。会社の中で社長という「帽子」をかぶっている、あるいはかぶらされているにすぎない。

少なくとも私は、たかがそれだけのことに命まで懸けたくはない。社長の仕事と引き換えに命を縮めたり、健康を損ねたりするのは、はっきりいって愚の骨頂だとすら思う。

それでは、ひたすら、毎日長時間残業してからだを壊してしまう、滅私奉公型の仕事の仕方となんら変わらないことになってしまう。

むしろ、上手く健康を維持しながら、業績を上げていけることこそが、ゲームのゲームたる所以だし、また、それだけ配慮しなければいけない要素が多いのが社長の仕事なのである。

とはいえ、そういう私自身、社長職にいる間きちんと健康管理ができていたかといえば、自信をもってイエスとはいいがたい。

朝は八時前には出社していたので、朝食は食べないかせいぜいバナナ一本。昼は大盛りのそばを一〇分程度でかき込む。夜は、ほぼ毎晩会食が入っているのだから、食生活に関しては完全に失格だ。せいぜい、いつも一次会で終えて帰ってきたことがよかったくらいだ。

また、頭の切り替えや気分転換もじゅうぶんだったわけではない。風呂に入っていても、寝ているときも、何かの拍子で仕事のことをつい考えてしまうし、何かを思いついたら紙に書き残しておかないと不安でたまらなかったのは前述のとおり。

オンとオフはしっかり区別しなければならないというのは、頭ではわかっているのだが、現実には、そうはうまくできないものなのである。

ただ、私は社員に残業を認めていなかったので、自分自身もどんなに忙しかろうと、夜だらだらと会社に残って仕事をするようなことはなく、おかげで睡眠時間は毎日しっかり八時間はとっていた。いま、とくに健康に問題なく過ごせているのは、何においても、それがよかったのだと思っている。

現在激務に追われて自分の健康を気づかっている余裕がないというのなら、せめて仕事は時間内に終わらせ、残業はしないということだけでも実行したらどうだろう。自分自身の健康管理もままならない人が、大勢の社員を抱えた会社の管理をうまくやるというのは、どう考えても難しいのではないだろうか。

52. 社長は、定時で帰れ

現在社員として働いている人でも取り組みやすいのが、残業ゼロの仕事術である。それに、社長が定時に帰るというのは、無条件に社員のためになる。

社長が遅くまで働いていたら、管理職でさえ帰りにくくなってしまう。そして部長や課長が残業していれば、時間だからと部下が先に帰るわけにはいかないような雰囲気が漂う。この負の連鎖が、日本の会社の現状なのである。

私が現役時代から残業ゼロにこだわってきたのは、残業癖が個人だけでなく、会社にとっても決してプラスにならないからだ。社員の労働時間が長ければ、それに比例して一人ひとりのアウトプットが大きくなるわけでは決してない。そういった中で疲労が重なり、仕事の密度が薄くなり、ますます生産性は低下する。しかも、残業代や光熱費などのコストは確実に増えるのだから、経営にとっていいことは何もないのだ。同じ量の仕事をするのに、会社と従業員両方に負担がかかることになる。

こんなに簡単なことなのに、実践できる社長は日本にどれほどいるだろうか。

残業をなくすには、まずトップが率先して終業時刻になったら会社を出るようにすること、これに尽きる。本当はどこの会社の社長だって、なくせるものなら残業をなくしたいと思っているに違いないのだ。けれども、思っているだけでは何も変わらない。残業は、会社を越えて日本の社会常識にまでなってしまっている。そんな根深い問題の根を断ち切るには、単に社長の判断と実行が必要なだけなのである。

よく社長は決断をしなければいけないので大変な職務だというが、私はそうは思っていない。小さな判断をどんどん重ねていけばいいことなのだ。往々にして、その小さな判断をしないで、ひとまとめにして判断しようとすると、一か八かの決断をすることになってしまうのだ。ここでも「よし、やろう」と決めればよいだけのことである。

そして、そういった判断をした社長だけが、残業ゼロを現実のものにしているのである。できていないのは、社長が「しない」と判断しているのと同じともいえよう。

あるとき、どうしても伝えたいことがあって、日ごろから親交のある良品計画の松井忠三会長にメールをしたら、すぐに返事が来た。その返信は、わずか数行の簡単なコメントだった。普段は、気を遣った、わりと長めの文章を書いてきてくれる方なので、少し気になったが、私のメールもたいした内容ではなかったから、それに対しては再度返信もせずそのままにしておいた。

そうしたら翌日、再び松井氏からメールが届いた。今度は、前日私が書いたことに対する感想が丁寧にまとめられた、いかにも彼らしい文面である。私が注目したのはその冒頭に書かれた彼のこの言葉だ。

「昨日は残業申請をしていなかったので、退社時刻が迫っており、短い返事しか書けず申し訳ありませんでした」

そこで、前日の彼のメールの受信時刻を見直してみると、一八時二八分だった。無印良品を展開する良品計画では、二〇〇六年より全社を挙げて残業ゼロに取り組んでいる。一八時三〇分になったら会社を出ないといけないというわけである。とはいえ、会長が帰るのが五分や一〇分遅くなったところで、たぶん誰も文句はいわないだろう。

しかし、それでは残業はなくならないのだ。「仕事が残っているのだから少しくらいはいいだろう」という甘えを社内から一掃できるかどうかが、残業ゼロ実現のポイントなのである。それには、トップ自らが自分に厳しくなって、終業時刻には会社を出るという姿を社員に見せるしかないのだ。

松井会長の短いメールと受信時刻は、彼の徹底ぶりを如実に物語っていた。

改革が成功するかどうかは、何度もいうように徹底度で決まるのである。私もトリンプ・インターナショナル・ジャパンで残業ゼロを導入した際には、終業時刻の前になると、私自身が各部署を回り、残っている社員を帰らせていた。

そのうえで、広報のことも考えて、約一〇〇〇万円も投資して、スイッチひとつで全社の電気が順番に消えていくシステムも導入した。これは、よくテレビ局が取材に来てくれていたので、もっともらしく見えるようにするためである。テレビで流れ、残業がない会社として知れわたってくると、社員も残業ゼロに従わないといけなくなる。

そこまで徹底してやらなければ、残業はなくせないのである。その昔、NO残業デーを導入した会社で、本当にいままでもNO残業デーがちゃんと稼働している会社があれば、教えてほしいくらいだ。いつの間にかNO残業デーの日でも残業が当たり前になっていても、おかしくないのが普通だ。

逆にいえば、ここまでやっていないのに「残業がなくならない」とぼやいている社長は、まだまだ甘い。残業をなくすことは会社、社員双方のためでもあるのだから、諦めずに取り組んでほしい。

任期半ばで倒れ、いまわの際で、「やっぱり残業をなくしておくべきだった」という後悔だけは、どなたにもしていただきたくはない。

53. 社長は、現場に「できない理由」を与えるな

現場で働く社員たちのやる気を最も削ぐものは何か——。それは、自分たちがどれだけ

がんばったって変えられない、「悪しき与件」、正当な「できない理由」である。自分が現場で働く社員だったころの感覚は、忘れず生かすほうがいい。

なぜ得意先の社長との関係づくりが、社長の大事な仕事なのか。

それは、もちろんそれが会社の売上や利益という全体最適に生きてくるからだ。これができていないと、現場にとっての「悪しき与件」に直結しうる。

たとえば、百貨店に対するサプライヤーのような弱い立場にある場合、サプライヤーの社長は百貨店のトップと、日ごろからいい人間関係を築いておくに越したことはない。

仮に同じサプライヤーである競合会社の社長が、納入先の百貨店の社長と懇意にしているとしよう。その百貨店の今回の改装で、競合会社は階段正面のいい場所が取れたのに、自分の会社は売り場の端の、お客さんがあまり来ないところを割り当てられてしまったとする。

百貨店の社長が直接便宜を図ったのかどうかはわからないにしても、とにかくそう決まってしまうと、戦う前から不利は明らかである。だからといって社長としては、「しかたがないので、毎月の売上で競合に負けてもいい」とは口が裂けてもいえない。

しかも、現場の社員は、競合会社と百貨店とは社長同士の仲がいいから、いい場所に出店できたと決めつけるだろう。実際、私が日本に赴任してきた最初のころの営業会議でそういった報告がなされたことを、今でもはっきりと覚えている。

そして、こうも考えるはずだ。

「今回の改装で売上が悪くなっても、自分たちの責任ではない」と。

このように、競合相手に負ける理由を現場に与えてしまったら、たちまち士気が下がって、競争には絶対に勝てなくなってしまう。だから、社長は最低でも競合と同じ程度、できたら、とても親しいといわれるくらいの親密さで、百貨店の社長とおつきあいいただき、どんなことがあっても社員にあらぬ「できない理由」を与えることを防がなくてはならない。それが、百貨店でなくとも、どのお客さんを例にあげても似たようなものだ。

ましてや、お得意先の担当の方が、こちらのささいな物流の遅れとか新製品の遅れなどのミスにつけ込んで、その見返りとして商品の掛け率の見直しを要求してくるといったことも時々あるが、これに会社として簡単に屈して、弱みを見せているようでは営業の現場がどう思うかはいわずもがなである。

そういう場合も、「あのサプライヤーの社長は自分のところのトップと仲がいい」ということを相手の部門の長が知ってさえいれば、それほど無理なことはまずいってこないものだ。

　直接メリットがなくてもビジネスを進めるうえではなにかと有利になることは結構あるはずだ。少なくとも、そういったことを絶対にデメリットにさせてはならない。社員に「今回はどうしようもなかった」なんてことをいわせないようにするのである。

　これができてこそ、社員があれこれともってくる「できない理由」を「そんなものは解決すればいいだけのこと」と一蹴できるのだ。

54. 社長は、勉強せよ

　社長は、会社の中で誰よりも幅広い知識をもっていなければならない。

　社長のところには、各部門からさまざまな報告が上がってくる。社長はそれを見て是非を判断しなければならない。それには基本的な知識が不可欠だ。

　たとえば、社長がＩＴに疎ければ、ＩＴ部門からシステム開発のための予算の承認を求められても、それが適切なものかどうかわかりようがない。それなのにまあいいだろうと通していたら、予算はどんどん膨らむ一方になるし、これでは戦略的経営などできるはずがない。

だから社長になる人は、各部門の担当者と対等に話ができるくらいの知識は、最低でももっていなければならないのである。もし弱い分野があるのなら、それはその部門の人間に教わるなり、自分で本を読むなりして勉強するしかないだろう。

とはいえ、それがたとえＩＴでも、何が基本かといえば、あくまで常識であり、ロジックなのだ。だから、いまさら難解なＩＴの言語を習うわけでもないので、それほど難しいことではない。

もちろん、仕事にかかわる専門的な知識があればそれでいいというわけではない。社長たるもの、新聞、業界紙、ビジネス誌などにも幅広く目を通し、世の中に流通しているいろいろな情報を積極的に取り入れ、さらにそれを仕事に活かしていくことも怠ってはならない。情報収集は、決して損にはならない。

トリンプ・インターナショナル・ジャパンの社長時代、私がいつも読んでいた業界紙に、倒産保険に関する記事が載っていたことがあった。それまでなら見逃していたかもしれないが、ちょうどそのときは、バブルが弾け、大口の取引先で経営状態がよくないと噂されているところがあったので、気になってよく読んでみると、どうも我が社にもメリットがあるようなことが書いてある。そこで、すぐにそこにあった保険会社に連絡をして、説明に来てもらい、最終的に加入することにした。

するとそれから間もなくして、懸案の取引先のひとつが不渡り手形を出し倒産。大変な金額の売掛金が回収できなくなると、業界中が上へ下への大騒ぎである。

しかし、トリンプは例の倒産保険に加入していたおかげで、数億円もあった売掛金を失わずに済んだのだった。もちろん、保険は計上してしまっている利益分までは保証してくれず、そのコスト分だけを補てんしてくれたのだが、会社は実質的には一切損をせずに済んだ。

まさに社長が、たまたまではあるが普段から経営に活かせる情報はないかとアンテナを張り巡らせていたことが、このときは会社が窮地に陥るのを救ったのである。

この種の機転を担当の部門に求めることもできるが、それはなかなか難しいといえる。まずはその種の保険の必要性の判断は総務では無理であろう。営業ならできるだろうが、年間数千万円もの保険料と聞いた時点で、判断ができず、たらい回しになった挙句、やめることになってしまうはずだ。

また、仕事のアイデアやヒントになりそうなものを見つけたときは、それを早朝会議で発表するのだが、私はそれだけでは終わりにしない。その場で担当者を決めると「それをどう弊社に導入するか」という課題を与え、後日、導入するまでの問題点、その解決方法、そして導入のタイミングなどを説明してもらい、実際に導入が完了するデッドラインを明確にするところまでやる。当然、導入が終わったことも、そのデッドラインの日に確認する。そうして、すべて実行し、会社内で確実に稼働が始まったことを確認して、初めて完了したことにするのだ。

情報収集というのは当然個人でもやっているだろうが、社員の場合はどうしても、いまの自分の仕事に関係するものに偏りがちだ。一方、社長は常に全体最適が頭にあるので、社員の見落としがちなものも目に入る。つまり、視点が違うのだ。だからこそ社長が手間を惜しんではいけない。

それゆえ社長目線で手に入れた情報は、社員と共有すれば、社員の視野も広がって一石二鳥なのである。

55. 社長は、趣味などなくていい

社長なのだから、何か気の利いた趣味のひとつや二つあったほうがいい。そういう考え方もあるのかもしれないが、私はどうでもいいと思っている。それが何であれ、社長が趣味に没頭している姿が、私にはどうもピンとこないのだ。

趣味が仕事につながったり、それ以上に格好の気分転換になったりするのなら、それは社長業にとって大変有益だと思う。しかし、通常趣味は趣味で仕事とは別物だ。最初からそういうものがある人はいいが、なくたって別に困りはしない。社長になったのだから社長らしい趣味をもとうなどと考える必要は、まったくないのである。

もし、引退後の生活を考えて、趣味がないと困るのではないかと心配しているのなら、それは心配の方向性が違う。

仕事を離れて一番困るのは、社会性を失うことなのだ。もっと簡単にいうと、人と人とのつながりがなくなることである。

古代ギリシャの哲人、アリストテレスもいうように、人間は社会的動物だ。いくら高尚な趣味があっても、誰も訪ねてきてくれないようでは、豊かな余生ならぬ本生を送ることはできないのである。

社長として働いているときは、毎日のように来客があり、年賀状も何百枚も届く。それゆえ自分には手に余るくらいの人間関係があり、しかもその数は一生続くものと、誰もがつい錯覚してしまう。

だが、そのうちの多くは、その人にではなく、その人のかぶっている社長の「帽子」に価値を感じて近寄ってきているのである。そういう人たちは、その人が引退して帽子を脱いだ途端、いっせいに去っていく。気持ちがいいほどだ。

そしてあとに残るのは、その人自身と個人的な絆でつながっている人たちだけ。ということは、個人のポケットマネーでつきあう仲でないと永続きはしない。

だから、社長になるにあたっては、仕事上では、現場の戦友たちといかにゲームに勝つための濃い時間を過ごすかに心血をそそぐべきであり、家庭では、それこそ私生活をもっともっと重要視していくべきだろう。

それは本生を楽しむべき大事な退職後の、まだ健康で人生を謳歌できる短い時期に、産業廃棄物といわれ、万が一にも家庭内に人間的な繋がりが見つけられず、居場所がないなどということがないようにとの考えからだ。

仕事を辞めたあとの準備にしても、まずは自分の価値を高め、仕事上ではない人とのつながりをたくさん築いていくほうが、単に趣味をもつなどというよりは、よっぽど有効ということになる。もちろん、好きな趣味を通じて、違う人達と交流が広がっていくということなら、それに越したことはない。

人間的な価値の高い人は、引退後も人が放っておかないので、いつまでも忙しいように見える。そういう人はせっかく趣味があっても、逆にゆっくり楽しんでいる暇もないように見えるが、それでもじゅうぶん楽しそうである。

56. 社長は、愚痴をいわない

あなたが社長になったなら、愚痴をいうことを一切やめることをおすすめする。

社長でありながら、あれこれ愚痴をこぼしている人は、社長がどういうものかわかっていない。もしわかっているならば、愚痴が口から出てくるはずがないからである。

社長は会社という仕組みの中で、あらゆる権限を握っている特権的な立場にいる。だから極端なことをいえば、自分がやりたいと思ったことは何だってできるのである。

たいした権限もなく、仕事の範囲も制限され、上司から許されたことしかできない社員ならば、愚痴のひとつもこぼしたくなるのもわかるが、社内で最も自由で、自分ですべてを変えることのできる最大の権力者である社長が愚痴をこぼさなければならない理由など、どこにもないのである。ましてや、与件について愚痴をこぼしても何の得にもならない。社長は、与件を乗り越え実績を出すためにいるのだから。

いくら権限があって好きなことができても、それがうまくいかなければ、やっぱり愚痴が出てもしかたがないのではないか——中にはそう思う人もいるだろう。しかし、これは考え方が間違っている。

やってみたがうまくいかなかった。そうしたら、どうしてうまくいかなかったのか考え、そこを修正してまた挑戦すればいいのである。それもダメだったら、また別のやり方を試せばいい。

そうやって成功するまで続ければ、必ず成功するのである。もう一度挑戦するぞと社長が決心し、号令をかけたら、社員は誰もそれを止めることはできないのだ。

挑戦せずに怖気づく。一度や二度の失敗ですぐあきらめてしまう。そうして愚痴をこぼしているようなら、その人は社長に向いていない。即刻、辞表を書くべきだ。

社長を目指す人ならば、今のうちから愚痴をこぼすのをやめるべきであろう。というのも、愚痴をこぼしているような人は、大体上には上がっていかないものだからである。

57. 社長は、やめられない仕事である

本書の冒頭に、みんな社長を目指すべきだと書いた。それは本当にそのとおりで、私は社長ほどおもしろい仕事はないと考えている。

眉をひそめる人もあろうが、仕事というのは私にとってゲームである。そのゲームの中で一番魅力があるキャラクターが、そう、社長なのである。

最大の権限をもち、お金も人も自由にできる社長は、戦略を立てたら、それを実行に移すことができる。そして、途中であきらめさえしなければ必ず売上は伸び、利益は増える

のだ。

そうすると社内は活気とやる気に満ち、社長は社員からは信頼され、信用されるようになる。こうなると、仕事はますますやりやすくなっていく。

ジャック・ウェルチは、「私は抵抗勢力を説得して味方にしようなどと考えて、余計な時間を無駄にしたりはしない」といっているが、彼ぐらい実績を上げてきていれば、もう社員に対して四の五のいう必要もない。

色々な意味での情報の共有化もできているのだろうし、良いチームも出来上がっていたはずだから、後は悩むこともなく、気心の知れた部下に、何でもかんでも、「いいからやれ」ですんでしまうはずだ。そこまで達することが大変なのだが、そういったチームを作り上げる楽しさはいいようのないものだし、チームの形が出来上がってくるにつれ、さらにスピードを上げ進んでいくことができる。

こんなことが許される社長の仕事がおもしろくないはずがない。まさに「三日やったらやめられない」のが、社長なのである。

自分で描いたビジョンをもとに戦略を立て、社員の協力を得て一丸となってそれを実行、思いどおりの結果を得たときのおもしろさは、ゲームとしては飛び抜けたものであるし、何より仕事にやりがいを感じるというものだ。

だから、すべてのビジネスパーソンは社長を目指すべきだと思うのだ。せっかく会社に入ったのに、社長として仕事をする快感を味わわないで定年まで過ごす人は、気の毒だといわざるを得ない。

当然、それだけおもしろい仕事なのだから、苦労もつきものである。そんなときに励みになる言葉を紹介しておきたい。

「人は、これほどの努力を運と呼ぶ」

これは幻冬舎の創業社長である見城徹氏の座右の銘だが、見えないところで血を吐くような努力をしているからこそ、周りから「あなたは運がいい」といわれるような結果を出すことができるのである。

「あの人は運がいいから」などとわからないことをいう輩《やから》がいたって、自分の努力は自分で誇りに思い、わかってもらおうなどと思う必要はないのだ。

まだ社長になっていない人は、厳しくも楽しい社長のポジションを、ぜひ目指していただきたい。

58. 社長は、引き際を心得よ

ただし、それだけやりがいのある仕事だと、難しいのはやはり引き際だ。

私が社長を務めたのは一九九二年から二〇〇六年の一四年間だが、件《くだん》のジャック・ウェルチは一九八一年から二〇〇一年まで、実に二〇年の長きにわたってGEの社長の座に就いていた。

一方、日本の会社はというと、二期四年というケースが多いようである。本当に力のある人にとって、四年というのは正直短すぎる気がするが、日本の場合、不適格な人が社長に抜擢されることも少なくないので、そういう場合の会社の損害を最小限に抑えるために、わざと短くしているのかもしれない。

それは、毎年変わっていた日本の首相の場合も似たようなものなのかとも思う。でもそれでは、まともな仕事はできないことはいうまでもない。

どれくらいの在任期間が適当なのかは人によるのだろうが、少なくとも体力、気力の衰えを自覚するようになったら、潔く辞めるべきだろう。

ときどき、とっくに賞味期限が切れているにもかかわらず、会長なり特別顧問なりの形で個室、秘書、黒塗りの車そして交際費といった職位の特権を手放すのが惜しくて、いつまでもしがみついている人を見かけることもある。こういうのは老害でしかないのだが、かたや日本企業では社長時代の報酬が低いので、わびしい話だが、できるだけ残って働かないといけない面があるのも事実である。

社長は〝上がり〟の職位。それが終わると後には何もないことからも、報酬面で結果に応じたものがちゃんと支払われるように日本の会社でもなっていくべきだと思う。

辞めるときは後継者が育っていることが望ましいが、これはかなりの難問だ。というのも社長というのは手取り足取り教育し、育てることができないものだからである。

世の創業社長には、「永続する会社にするためには、特別な能力があるリーダーがないと成り立たないような組織ではいけない」といって社長を辞する向きもあるようだが、私はこの意見には大いに疑問を感じる。

もちろん、リーダーとして会社を率い、結果を出していくことは、誰にでもできることではない。それには特別な能力が必要であり、社長になる前の準備期間にその特別な能力を自分で伸ばし、会得した人だけが社長になって、結果が出せるのだ。そう思っている。

そして、その能力というのが、教えることができない、つまりほとんどが暗黙知でできた非常に属人的なものばかりなのである。まさに習育の部分である。

たとえCEOとCOOの二人体制にしたところで、COOの判断が正しいかどうか決めるのは、社長であるCEOなのだから、やはり社長は特別でなければならないのだ。

会社という組織を五〇年、一〇〇年と継続するためには、「特別な能力がない人間でも社長が務まるようにする」のではなく、「特別な能力をもった社長にふさわしい人間が、定期的に出てくるような仕組みをつくって」おけばいいのである。

いい例が前述のGEだ。ウェルチの後任ジェフ・イメルトは、二〇〇一年から現在に至るまで、ウェルチに勝る業績を上げながら長期政権の道を着々と歩んでいる。ウェルチやイメルトのような特別な能力の持ち主でなければ、GEの経営はできないのである。

最近、資生堂で次期社長が社内で見つからないということで外部の方を社長にする人事があって話題を呼んだ。社長の後任人事というのは、いつまでたっても解決できない難しい課題であることも確かだ。

また、何から何まで自分の思うようにやってしまうワンマンの社長の下だと、なかなか後継者は育ちにくい。太い大きな木の下は日の光が差さないので、苗木の生育が悪くなるのと理屈は一緒とはいうものの、それでも伸びる人は伸びてくるもの、同じ日陰の中でも、より伸びたものにどんどん権限を与え、任せてみるべきなのではないだろうか。

さもないと会社を立ち上げてきたワンマン社長の会社は皆、希望がないということになってしまう。

社長が育つ環境について考えるなら、これは何も社長に限ったことではないが、社員に習育してもらう、成長してもらうということを念頭に、何をおいても任せることだ。

それこそ緊急度は低いのだが重要度が高い、社内で手がつけられないままになっているような難しい課題を、見込みのある人にどんどん任せていくべきだ。

59. 社長は、お金にも哲学をもて

あなたが社長を目指している、あるいは目指していたとしたら、その動機はなんだろう

か。中にはきっと、「社長になればお金がたくさん稼げるから」という人もいるだろう。それはそれで、大いに結構なことだ。

しかし、お金というのは魔物である。魅了され、のみ込まれてしまったが最後、そこから抜け出すのは簡単なことではない。よく耳にする金まみれのウォールストリートを例に出すまでのこともない。

以前、私と同じ時期にトリンプのマレーシアで社長をやっていたリャオという人がどこかで見つけたのだろう、興味深いメールを最近送ってくれた。私はトリンプに入社して最初のほぼ三カ月を、彼を先生としてクアラルンプールで過ごした。

彼は私にとって、大変お世話になったトリンプにおける恩人である。

《人生における、お金の六つの原則》

1 無限のお金を追いまわして、有限の人生を使うのは無駄。

2 生きている間に使いきれない程のお金を稼ぐのは無駄。

3 お金はそれを使ってしまうまで、あなたのものにはならない。

4 若いうちは健康を害してまで、お金を追いまわす。逆に、歳を取ってくると、今度はお金を使って健康を買い戻そうとするが、すでに遅すぎる。

5　人間が幸せかどうかというのは、どれだけお金を持っているかではなく、いかに現状に満足できるかということにかかっている。

6　忘れてはならないのは、私たちはこの世界に無一文でやってきて、無一文で去っていくということだ。

あえて解説はしないが、社長をしている人、社長を志す人にとっては、心に留めておいて損のない六原則であると思う。

60. 社長は、家族の大切さを知れ

現在、社長としてバリバリ働いている人にも、やがては引退のときがくる。そのとき帰って行く場所は、そう、家庭だ。

ところが、いざ社長を辞して家に帰ったとき、それまで仕事を理由に家庭を顧みてこなかった人を、家族が優しく迎えてくれるだろうか。

昼間から家にいてもすることはなく、家族から邪魔もの扱い。「粗大ごみ」や、奥さんの外出について歩いては嫌がられる「濡れ落ち葉」はまだいいほうで、最近は定年と同時に離婚届を突きつけられるような悲惨なケースも増えていると聞く。

社長をしていた人にとっては「そんなバカな」といいたくなる話かもしれないが、社長であるのを理由にほったらかしにされていた妻や家族からしたら、当然である。


私が世の社長と比べてひときわ個性的だといわれる特徴は、おそらくこの「家族を何より大切にしている」ことであると思う。いや、そうさせられたといったほうが正しい。フランス人の家内にその方向に無条件に引っ張っていかれたのだ。いまになってみると、感謝せざるを得ない。

いつもプレッシャーを背負い、会社で最も忙しい社長だから、会社を出たら何もしたくない、そんな思いの人もいるかもしれない。その気持ちもわからなくはない。

しかし、よく考えてみてほしい。

社長を引退したあとも、人生は続くのだ。前述のとおり、あなたがいま社長をやっているのは、「一時的に社長という帽子をかぶっているにすぎない」のである。これを生涯のプライドにするのは、お門違いなのだ。

それに引退後は、もはや仕事の制約もないから、自分のやりたいことに思う存分時間を使える、本当に自由な時間なのである。

だから私は、この引退後の時間を、「余生ではなく、『本生』」と呼んでいるのだ。

でも、せっかくの本生が幕を開けたところで、パートナーにそっぽを向かれ、家庭に居場所もないようでは、楽しむどころではない。

「ああ、社長時代はよかった」と昔を懐かしむだけで、誰からも相手にされず、寂しく死期までの時間を過ごす……そんな悲しい晩年を送りたくなければ、社長の仕事が忙しいことを理由に、家族や家庭を犠牲にしないことだ。

自分が社長であることによって、家族に一度も迷惑をかけたことがない、無理をさせたことがないなどという人は、おそらくいないだろう。

そのことを常に忘れなければ、そう大それた努力をしなくたって、自然と家族への接し方も変わってくるはずだ。

おわりに

「社長は孤独」は嘘

社長などにはなりたくないと思っている若者が、最近はやたら多いと聞く。

私にいわせると、社長になれるチャンスは誰にでもあるのだから、それを狙わないというのは、実にもったいないことだと思う。社長を務めるということは、実際にやってみればそんなに難しいことでもないし、それ以上に誰にとっても、組織の頂点に立って采配を振れることほど魅力的なことはないはずと思うからだ。実際やってみたらやめられなくなってしまった例は、ご存知のとおり、たくさんある。

それなのに、自分よりはるかにレベルが低い、トップに立っては困るような人が社長になって、その結果、自分が振り回されてぼやくようなことになるなら、自ら社長になって結果を出し、会社をもっと勢いのあるものに変え、ゲームとしての仕事を楽しむことが、自分のため、会社のためでもあると思わないだろうか。

あるいは社長になるための準備が終わり、それなりの実力がついていれば、はからずも社長になれなかったときには自分で会社をつくってしまえばよいことなのだ。そのぐらいの気概を、常にもっていてほしい。

とはいえ、社長という仕事がどういったものであって、社長になる準備も、また、社長になったらどうしていけばよいのかもわからないまま、「社長になったほうがいいですよ」と私にいわれても、いくらやる気があったところで、心配が先に立ち、おそらく心の底からの同意ができるとは思わない。

そこで、社長とはどういった考えをもち、どうしていけばよいものかを、私の経験に基づいて書き出してみたのがこの本だ。すでにこの本を読んでいただいた方は、なるほどとおわかりになっていただけると思うが、社長としてやる仕事自体はそんなに難しいことではないのである。むしろ、常識の範囲内のことばかり、といったほうがいい。

しかし、世間一般には社長としての仕事はとても難しいことだと思われているし、社長になった人はむしろそう強調している。「社長とは孤独な存在で、最後は一人で決断しないといけない」などと、よく語られていることを見てもわかる。

だが、私からいわせてもらうと、社長はむしろ孤独であってはならないし、ましてや一人で一か八かの決断などしてはならないのである。決断とは、一つひとつの判断をひたすら、どんどん重ねていくべきところを怠った結果、せざるを得なくなるものだ。だいいち、それは決して社長一人の独断でなされるべきものではない。

チームや戦友の真ん中にいたり、トップに立ったりと、その立ち位置はその場面、場面で変わるものの、心は一緒なのだ。孤独だなんていうことは、自分でそういった立場をつくってしまっているからにすぎない。

これらのことは、間違えて社長になってしまった人が、格好良く見せるためにそう主張しているだけのことであって、決してそんなことはない。

できる人とできない人の違い

ここで、先日タクシーに乗ったときの運転手さんの話をさせてほしい。車に乗り込むときの運転手さんの機転の利いた対応がとてもよく、多分このような運転手さんならさぞかし売上もいいだろうと、彼に率直に聞いてみた。すると、その営業所に六五〇人いる運転手さんの中で、いつもトップテンに入るという答えだった。

店舗のサイズやロケーションなどで初めから大きな差がついてしまっている、どこどこの店舗で働いているというのとは違い、タクシーの運転手さんは、まさに毎日が「出たとこ勝負」。自分ひとりの力だけが如実に毎日の売上に反映されて出てくる仕事なのだ。

黙っていてもどんどん来てくれる固定客がいて、毎日の一定額の売上が読めるわけではない。もちろん、中には長距離のお客をたまたま当てて、売上でトップに突然躍り出る運転手さんもいるのだろうが、むしろそれは例外なのだ。

毎日、営業所を車で出た瞬間、全員がまったく同じ条件で仕事をし、出たとこ勝負をしているというのに、トップの一〇人はいつもほとんど固定しているとの話だった。

ここでよく考えてみてほしい。これは、実力さえあれば、ツキではなく、ブレずに常にいい結果を出せるということを示している。

私は、これが社長になる資格とまったく同じものだということをお伝えしたいのだ。

タクシーの運転手さんの例を待つまでもなく、それなりに実力のある人が社長になると、いつも同じように実力を発揮することで、継続して結果を出すようになるのである。

当然、実力とは誰にも負けないほどの努力に裏打ちされたものだ。つまり、この本で何度も繰り返し書いてきたように、「結果を出し続けられること」こそが社長としての第一条件であり、絶対的な資格なのだ。

ということは逆に、結果を出し続けられる実力のある人でない限り、社長になってはいけないということでもある。タクシーの運転手さんでいえば、たまたま運良く長距離のお客を捕まえ、大きな売上を上げることは、実力とは違うのだ。

再びタクシーの運転手さんの例で申し訳ないのだが、タクシーの運転手さんで事故を起こす人は決まっていると聞いたことがある。今回もその運転手さんに聞いてみたら、まさにそのとおりとのこと。これは、会社でも時々失敗をしでかし、任せておけない人が決まっているのとまったく同じことだ。

そう、何をいいたいのかといえば、結果を出すことができる人は、常に最善の努力を払って、いつも結果を出すということだし、かたや駄目な人は、悔い改めて自分でよほどの努力をしない限り、いつも駄目ということだ。

ほかの人と比べて、基本的な努力のレベルが異なり、そのために実力が劣っているということだからだ。厳しいようだが、これは事実だ。

事故の最大の原因は安全運転義務違反であることはご存知のとおり。ということは、前方をちゃんと注意していれば、事故の多くが未然に防げるのである。それならなぜしないのだと思うのだが、よく事故を起こす人にとっては、そこが難しいところなのだろう。

私が会社で失敗の原因を分析してみると、怠慢と呼ばざるを得ないことがよくあった。

この話と相通じるものがあるように感じるのは、私だけではないはずだ。

単純なことを徹底できる一握りになれ

さて、ここでもう一度、結果を出せるタクシーの運転手さんに話を戻す。彼は、何をしているから結果が出せるようになったのだろうか。

実は、これまた簡単なことなのだと思う。

自分で何かをして、うまくいかないようであれば、やり方を変えてはまたやってみて、諦めずに最後の最後、成功するまで努力し続けたのだ。そういった方法で習っていき、実力を身につけていく。知恵を絞って考えて、何度も何度も実行し、繰り返していくうちに、自ら習い、いわゆる習育して、実力をつけていくのである。

ここで重要なのは、自分で実行することであり、いろんなかたちで暗黙知といわれるコツなり、ルールなりを習っていくことだ。これを何度も、何度も繰り返し、徹底して習っていければ、常勝する実力を身につけることができる。早道はない。その代わり単純だし、誰にでもできる。

誰にでもできるといっても、それほど徹底してやれる人がこの世に何人いるかといわれると、これが極端に少ないのだ。途中で諦めるか、満足してしまう。繰り返すが、まったく難しいことではない。ただ、徹底してやりきれるかどうかが分かれ道だ。

何度も、何度も、ありとあらゆることを試し、経験を積んでいくうちに、どんなことが起きようとも、それに適した一番良い方法が既に頭に入っているし、すべての経験が血となり肉となり、実力となっている。どんな問題にも、既にマスターしているかたち、あるいは、それに似たかたちで対処すれば、済んでしまうことなのだ。

初めての事態が起きても、よくよく分析してみれば、そんなに新しいことではないことがよくわかるはずだ。そうやって、先に進んでいくのだ。

社長になり、結果を出すということは、難しいことではない。ただ、そのためには努力に努力を重ね、誰にも負けない実力を身につけることである。がんばってほしい。そこまでの道のりが大変なことはわかっている。

でも、まずは「自分ならできる」と自信をもつことから始めてほしい。大変だけれど誰にでもできることなのだから、あなたにできないはずはない。

これからの、あなたのひたすらな努力に、心からのエールを送りたい。

PHP
Business Shinsho

吉越　浩一郎（よしこし・こういちろう）
1947年千葉県生まれ。上智大学外国語学部ドイツ語学科卒業。メリタ香港の勤務を経て83年にトリンプ・インターナショナル（香港）に入社、86年よりトリンプ・インターナショナル・ジャパン（株）に勤務。87年に代表取締役副社長、92年に代表取締役社長に就任し、2006年、60歳になるのを機に退社。その間、同社では即断即決経営を武器に19年連続増収増益を達成。早朝会議、デッドライン、残業ゼロ等の経営手法を取り入れ、効率化を図り会社を急成長させた。
現在、東京と、夫人の故郷である南フランスの２か所を拠点に、余生ではない「本生」を実践しつつ、国内各地で幅広く講演活動、執筆を行う。
主な著作に『新装版「残業ゼロ」の仕事力』（日本能率協会マネジメントセンター）、『結果を出すリーダーの条件』（ＰＨＰビジネス新書）、『デッドライン仕事術』（祥伝社黄金文庫）などがある。

装幀写真：永井　浩
編集協力：山口雅之

PHPビジネス新書　317

社長の掟《おきて》
業績を上げ続けるための60則

2014年７月４日　第１版第１刷発行
2019年12月３日　第１版第３刷発行

著　者　吉越浩一郎
発行者　後藤淳一
発行所　株式会社ＰＨＰ研究所
東京本部　〒135-8137　江東区豊洲5-6-52
第二制作部ビジネス課　☎03-3520-9619（編集）
普及部　☎03-3520-9630（販売）
京都本部　〒601-8411　京都市南区西九条北ノ内町11
PHP INTERFACE　https://www.php.co.jp/
装　幀　齋藤 稔（株式会社ジーラム）
組　版　朝日メディアインターナショナル株式会社
印刷所　株式会社光邦
製本所　東京美術紙工協業組合

　ISBN978-4-569-81836-8

「ＰＨＰビジネス新書」発刊にあたって

わからないことがあったら「インターネット」で何でも一発で調べられる時代。本という形でビジネスの知識を提供することに何の意味があるのか……その一つの答えとして「**血の通った実務書**」というコンセプトを提案させていただくのが本シリーズです。

経営知識やスキルといった、誰が語っても同じに思えるものでも、ビジネス界の第一線で活躍する人の語る言葉には、独特の迫力があります。そんな、「**現場を知る人が本音で語る**」知識を、ビジネスのあらゆる分野においてご提供していきたいと思っております。

本シリーズのシンボルマークは、理屈よりも実用性を重んじた古代ローマ人のイメージです。彼らが残した知識のように、本書の内容が永きにわたって皆様のビジネスのお役に立ち続けることを願っております。

二〇〇六年四月

ＰＨＰ研究所